RMB

■ 中国金融改革与发展热点问题系列

# 人民币
## 国际化与货币安全

CURRENCY RISK OF RMB
INTERNATIONALIZATION

刘翔峰 著

经济管理出版社
ECONOMY & MANAGEMENT PUBLISHING HOUSE

图书在版编目（CIP）数据

人民币国际化与货币安全/刘翔峰著. —北京：经济管理出版社，2015.12
ISBN 978-7-5096-4097-5

Ⅰ.①人… Ⅱ.①刘… Ⅲ.①人民币—金融国际化—研究 Ⅳ.①F822

中国版本图书馆 CIP 数据核字（2015）第 298514 号

组稿编辑：宋　娜
责任编辑：宋　娜　张艳玲
责任印制：黄章平
责任校对：张　青

出版发行：经济管理出版社
　　　　　（北京市海淀区北蜂窝 8 号中雅大厦 A 座 11 层　100038）
网　　址：www. E-mp. com. cn
电　　话：（010）51915602
印　　刷：三河市延风印装有限公司
经　　销：新华书店
开　　本：720mm×1000mm/16
印　　张：12
字　　数：181 千字
版　　次：2015 年 12 月第 1 版　2015 年 12 月第 1 次印刷
书　　号：ISBN 978-7-5096-4097-5
定　　价：88.00 元

# 序　言

国家强盛的关键在于经济，经济实力最直接的反映就是一国的货币。通过货币可以真实地看到世界经济的格局。

"二战"后，美国作为世界经济中心一直称霸全球，美元也成为国际货币体系中的主导货币。1944年布雷顿森林体系确立了美元的霸主地位，到1973年布雷顿森林体系破产，美元与黄金脱钩，成为事实上的世界基轴货币，从金本位制过渡到浮动汇率制，脱离了黄金的约束，美元在世界上的流通性更好。由于汇率作为货币与货币之间交换的比率，所有跨国的经济活动都与汇率密切相关。美元作为主导货币，不断通过贸易逆差输出货币，同时能以极低的利率获得资本，其债券的利率远远低于其他国家的债券。由于美元本身是计价货币，即使美元贬值，美国也不会因此而增加债务负担。而大量资金流入美国，也是美国长期低利率的原因。2008年金融危机之后，美元作为主导货币的信誉降低，国际货币向多极化的方向发展，但是道路可能相对漫长。

作为欧洲一体化象征的欧元，自2001年出现后便对美元形成了有力的挑战。但是受2008年美国金融危机的拖累，欧债危机出现，欧元整体受到了冲击，尤其是希腊危机一再发生，至今仍未能解决。究其原因，欧元的统一和欧洲货币政策的一元化，让成员国难以对区域经济进行灵活调整，因此，欧元区急需财政重建和财政统一。目前，欧元对美元的挑战已经明显受阻。

日元曾经积极推进国际化。但是，日本经济经过"失去的十年"，大规模外汇干预导致日元实质性贬值，阻碍了日元国际化的进程。日元虽然通过货币宽松政策，推动以出口为主导的经济复苏，但如何实现汇率稳定和金融稳定始终是其面临的困境。

人民币的国际化进程刚刚开始。国际化的起因是由于经济逐渐崛起，尤其是在金融危机中由于拥有巨额外汇储备在美元贬值时承受了巨大风险，从而意识到人民币作为计价和结算货币的必要性，于是开始了一系列的货币互换、跨境贸易和投资结算，并迅速成为国家外汇使用中的第5大货币。随着离岸中心的快速发展，人民币的影响力也在不断上升。不过，随着2015年人民币汇率中间价报价机制改革，人民币出现贬值预期，新兴经济体的货币大幅下跌，国际金融出现动荡，人民币对国际金融市场的影响出乎意料，央行对人民币的即期和远期汇率也实施了积极干预，希望维持人民币汇率稳定。毫无疑问，人民币似乎已经成长为国际金融市场潜在的第二种"锚"货币，至少在东亚外汇市场表现出了这种特征。一个国家货币的价值，最终取决于该国的经济实力及对其经济政策的信任度。如果一国金融系统不稳定、制造业衰落或者采取不负责任的经济政策，那么货币的信誉就可能动摇。这样将导致从海外筹集资金会异常困难，甚至可能出现利率上升、汇率暴跌的情形。因此，稳定人民币的币值、维护货币安全，既是稳定国内经济避免发生货币危机的重要措施，也是对外维护货币信誉、维护国际金融市场稳定的重要因素。

人民币国际化的速度，不仅取决于美元的地位如何变化，也取决于我国的经济转型改革能否顺利实现来推动经济的可持续发展。未来，对于人民币国际化的货币安全，也将成为持续研究的论题。只有人民币做到对内和对外的货币安全，才可能去参与国际货币体系的重塑，并维护世界经济和金融的稳定。

贯穿本书的主线是人民币国际化进程中的货币安全。全书从评价人民币国际化进程开始，就人民币国际化进程中的汇率风险，国际收支失衡风险，外汇流动性安全等问题进行了详细分析，并结合韩国和印度的案例进行对比得到启示，根据中国目前外汇储备的供给与外汇流动性比例，得出中国流动性较为安全的结论。但是也要在资本账户开放的趋势以及人民币汇率形成机制不断市场化的过程中，密切关注外汇储备急剧下降、国际资本外流加剧蕴含的极大风险。如果市场对人民币贬值的预期长期存在，则可能导致汇率、利率、股市之间形成恶性循环，造成货币危机。因此，关键在于除了就人民币汇率不存在长期贬值的基础做出真实分析，还要加速中国的经济转型和深化各项改革，并让国际市场对中国经济的未来有信心。除此之外，在人民币与其他新兴经济体货币的对比中可以发现，由于中国经济抗压性较强，经济增长等各项指标仍然是远远好于其他发展中国家。

在人民币国际化进程中，唯有币值稳定，才可能稳步推进人民币走向国际储备货币的进程。在借鉴其他国家的货币国际化的经验中，发现本国货币成为区域货币是走向国际货币的必经之路，因此，人民币要首先成为东亚区域货币，在"一带一路"区域形成人民币货币区，亚投行也有助于人民币成为"一带一路"区域内计价、投资和储备货币。货币区域化是货币在更大范围内实现国际化的基础，只有成为区域货币，才能做到"进可攻、退可守"，将影响力扩大至其他国家和地区。客观来看，人民币走向国际储备货币的道路依然是漫长的，但是在美元的主导货币地位逐渐衰落的过程中，尤其是在世界经济不断遭受国际经济失衡的挑战而频发危机时，人民币则被寄予厚望。

本书对于外汇流动性的分析，学习和借鉴了刘遵义教授的外汇流动性分析方法。其中，对中国、印度和韩国的外汇流动性都做了详细的分析和对比，从而得出结论，这也是本书的独到之处——从新的动态视角来看待外汇储备的供求关系和安全性，并得出更为科学的结论。刘遵义教授作为金融名家，将艰深晦涩的金融理论仅用寥寥数语便深入浅出地表达出来，这是我等后辈学者学习和期望达到的境界。在笔者从事人民币国际化与汇率研究的过程中，一直得到中国国际经济交流中心"中经基金管理委员会"基金课题的支持，使笔者能够在这些问题上深入思考并不断进步，谨在此表示感谢。尤其还要感谢中国国际经济交流中心的徐洪才部长对笔者的指教和建议，使笔者的研究能够不断深化。

笔者对于人民币国际化进程中的货币对内安全和对外安全进行了较为全面的深入思考，希望能够对不断变化中的国际货币格局和国内的人民币汇率、利率、股市的联动性及不断增强的规律性做出清晰的判断，以梳理出人民币国际化进程中面临的阻碍，同时将新的变化因素融入人民币国际化理论的研究之中。

　　由于笔者能力有限，敬请广大读者对于本书的不足给予批评指正！

刘翔峰

2015 年 9 月 6 日

# 目　录

# 第一章　人民币国际化与金融稳定

货币可以衡量一个国家的经济实力。货币国际化进程既是国际经济格局重新布局的过程，也是各国实力此消彼长相互制衡的过程，是一个客观的市场进程。尽管一国可以制定政策为推进国际化提供更好的条件，但终究不能取代市场的作用和选择。综合分析英镑、美元、马克和日元的国际化进程情况，可以知道要实现货币国际化是一个漫长而艰难的过程。对于我国来说，应有序推进国际金融市场深化和金融制度改革，维护人民币币值稳定，并进行有效的风险防范，从而稳定推进人民币成为区域货币和国际储备货币。

## 第一节　货币国际化理论及经验

货币国际化的意义在于为世界经济提供一种更便利的流通计价的货币，便利贸易往来和资本流动。一国货币的地位是由一国的经济实力决定的。总结各国货币国际化进程中的经验和教训，才能使人民币国际化的推进更稳定有序。

### 一、货币国际化的含义

国内外学者及机构对货币国际化从不同的角度进行了定义。从货币兑换、交易和流通的领域来看，IMF（1946）认为，货币国际化是指某国货币越过该国国界，在世界范围内自由兑换、交易和流通，最终成为国际货币的过程。Peter B.

Kenen（2009）认为，货币国际化即货币的使用超出货币发行国，不仅用在同该国居民的交易上，更重要的在于非该国居民交易的使用。从货币职能的角度来定义，Hartmann（1998）认为，当一国货币被该货币发行国之外的国家的个人或机构接受并用作交换媒介、记账单位和价值储藏手段时，该国货币国际化就开始了。

笔者认为，当一国货币被该货币发行国之外的国家、个人或机构接受，并用作计价、投资和价值储藏手段时，该国货币就已初步实现了国际化。随着这些职能的不断深化，其国际化程度也会逐渐加深。

货币国际化一般需要满足货币发行国的经济规模大、货币自由兑换、有发达的金融市场及该货币在国际范围内可信任等条件。Mundell（2003）认为，一国货币能否成为国际货币，取决于人们对该货币稳定的信心。这种信心来自该货币流通或交易区域的规模、货币政策的稳定、没有管制、货币发行国的强大和持久以及货币本身的还原价值。因此，从防范金融风险、确保金融稳定的角度来分析货币国际化的前提条件，需要考虑的是国内金融市场完善、金融监管有效、经济及金融规模强大、货币币值稳定等因素。

如果从综合指标的角度来衡量货币国际化程度，货币国际化程度指标应当包括该种货币充当国际清算货币及在国际贸易结算中所占的比重，充当国际投资和国际信贷工具及所占比重，该种货币发挥国际储备资产的职能及所占比重等。如果货币国际化程度越高，货币的计价及结算货币选择的比重越大，储备货币地位越高，非居民持有该种货币的数额越多，这对该国经济必然会产生较大影响。因此，货币国际化程度与一国经济发展水平及稳定状况有着一定的关系。

## 二、货币国际化的国际经验及启示

国际储备货币崛起的经验为人民币国际化提供了参考借鉴。一是货币国际化的进程漫长。美国经济规模从超过英国到美元成为国际储备货币的主导货币，经历了80多年。二是货币国际化既有成功又有失败。布雷顿森林体系瓦解后国际货币的多元化过程中，德国马克的国际化比较成功，而日元国际化却裹足不前。

### (一) 美元取代英镑

19 世纪，英镑逐渐崛起并最终成为主要的国际货币。在金本位制度下，黄金和英镑是国际货币体系的两大支柱。但 20 世纪以后，美元逐渐取代英镑成为最主要的国际储备货币。20 世纪 20 年代，美元在贸易信贷中的使用率首次超过英国；1940~1945 年境外流动资产中的美元总量由原来英镑的 1/2 增加到英镑的两倍；1954 年外汇储备中美元的比例超过了英镑。美元国际化的成功归因于其自身的条件：一是美国经济贸易的快速发展。美国经济总量于 1872 年超越英国，其出口规模于 "一战" 期间超过英国，足够的经济规模是美元国际化的先决条件。二是中央银行的建立增强了对美元的信心。1913 年美联储成立之前，美国数次遭受金融风暴（1907 年的大恐慌，道琼斯指数下跌 50%，产出下降 10%，失业率达到 20%），由于缺乏强有力的最终贷款人，国际投资者对美元缺乏信心。中央银行的成立有利于稳定美元币值，也为以美元计价的金融工具市场发展提供了基础。三是美国金融市场的发展推动了美元国际化。Eichengreen 和 Flandreau（2010）认为贸易承兑市场的建立尤为关键，它使得美元在贸易信贷中的使用在 20 世纪 20 年代就超越了英镑。四是战争的作用加速了美元取代英镑的进程。第一次世界大战中，美国为英国和其他参战国提供了大量贷款，由净债务国迅速转变为净债权国，在输出美元的同时也使美元相对于其他货币更为坚挺（Frankel，2011）。但即便是有了上述有利条件，美元取代英镑的过程也是相当漫长而艰难的。从美国经济规模超过英国到美元取代英镑成为第一大储备货币，经历了 80 多年的时间。这说明国际货币体系的调整滞后于国际经济政治格局的变化。

英镑没有快速退出主导货币地位的原因有以下几个方面：

一是英镑的国际地位得益于 "英镑区" 的支持。但是不同的成员国对英镑的依赖程度存在差异。英镑体系由五个同心圆组成：核心是伦敦；最里面的同心圆由英国殖民地组成；其次是英国的自治领地（如印度和南非）享有部分货币自主权；第三个圆由日本和部分南美国家构成，与英国有紧密的经济联系，且利用英镑来支撑本国货币；外面两个圆则是一些广泛使用英镑的国家。越靠近核心的 "英镑区" 成员国与英国的联系越紧密，比如，英国殖民地和自治领地，这些国家和地区接受英镑的意愿较强，不容易脱离"英镑区"，从而表现出的网络效应更强。

二是制度安排导致退出"英镑区"困难。外围国家（第三、第四、第五个区域）最早离开"英镑区"。"二战"爆发后，英国对英镑流通采取了严格的管制，英镑无论是币值还是使用的便利性都大幅下降。而美国经济实力增强，且与这些国家贸易往来日益紧密，币值也更为稳定，外围国家有动力使用吸引力更高的美元。这些国家使用英镑是出于自愿，并未与英国签订任何协议，不存在制度限制，可轻易地转向美元。但是，核心国家（殖民地和自治领地）脱离"英镑区"却很艰难。英国自20世纪初开始，就在殖民地设立货币发行局，以实现英国对当地货币的控制，殖民地没有货币自主权。而1931年英国放弃金本位后，一些英国的自治领地和依附于英国经济的国家，参与到与英国的货币合作和非正式的货币库。"二战"爆发后，这些"英镑区"成员国的外汇储备被正式聚集到一个储备库，其持有的硬通货都卖给英格兰银行，但从储备库中提款受到严格限制。这种制度安排导致这些国家退出"英镑区"面临困境：如果大量提取英镑势必导致英镑贬值，资产缩水；但如果仍留在"英镑区"，英镑持续走弱仍会导致资产缩水。最终大部分成员国仍留在了"英镑区"，英镑的国际地位得以维系。但英国国力衰落导致了英镑区的最终瓦解。1958年英国放开资本管制并取消了储备库，这就为自治领地提取英镑、脱离"英镑区"提供了条件。紧接着是殖民地解放运动。享有货币主权的殖民地最初保留了对"英镑区"的期望，因为对本币信心不足，也为了吸引外资和争取英国经济援助。但随着英镑持续走弱，尤其是1967年英镑贬值重创了成员国对英镑的信心，大部分成员国不再将英镑作为计价单位，并减持英镑以避免外汇储备损失。"英镑区"终于在1972年6月23日确定英镑实行浮动汇率时正式终结。不少"英镑区"成员国最终选择美元，比如，1983年香港在尝试浮动汇率之后，转而建立了与美元挂钩的货币局制度。

美元国际地位的确立也得益于事实上的"美元区"支持：其核心是美国，第一层是美元化国家和汇率盯住美元的国家；第二层是与美国经贸往来密切的国家，如南美；第三层是与美国直接经贸往来相对较少，但在国际交易中广泛使用美元的国家，如以韩国为代表的亚洲新兴市场经济体。"美元区"成员并没有和美联储签订任何合同，选择美元完全是自发行为。但更靠近核心的"美元区"成员对美国经济及美元的依赖程度高，建立了与美元挂钩的相关制度，退出"美元区"难度很大，事实上为美元的国际影响力提供了重要支撑。

### （二）马克和日元国际化的不同结果

1973 年，布雷顿森林体系崩溃，全球进入了牙买加体系。牙买加体系也被认为是无体系的国际货币体系，为传统储备货币之外的其他货币国际化提供了重要的时间准备。马克和日元在这段时间开始国际化是因为：一是美元的地位下降为其他货币崛起留下了空间；二是战后德国和日本经济快速复苏，经济实力不断增强，贸易和金融市场持续发展，为货币国际化创造了条件。联邦德国在 20 世纪 60 年代末成为欧洲第一大经济体，日本在 1978 年成为全球第二大经济体。但两种货币国际化的结局却大相径庭。德国马克逐渐成为仅次于美元的储备货币，并成为欧洲主要的区域货币，为欧元的诞生奠定了基础。相比而言，日元国际化却不成功，不仅在储备货币地位上落后于马克，在国际金融交易中日元的进展也有限。除了德国经济增长较为稳定、而日本经历"失去的十年"等基本经济因素外，马克和日元国际化的"一成一败"还有其他原因。

（1）货币区域化程度的差异。如上所述，货币区域化是货币在更大范围实现国际化的基础。马克是欧洲主要的区域货币，"进可攻、退可守"，进可将影响力扩大至其他国家和地区，退可借助欧洲的货币合作、货币安排维持在欧洲的地位。"二战"后，欧洲开展经济一体化进程很早，逐渐形成了统一的市场，这不仅促进了德国经济增长，还为马克提供了巨大的使用空间。欧洲更愿意接受自己的货币，虽然马歇尔计划为欧洲带来了大量美元，但欧洲国家对美元的认可度却并不高。以法国为代表的欧洲国家希望通过挑战美元的地位，限制美国在欧洲的影响力。1960~1965 年，戴高乐政府就曾将美元大量兑换成黄金，并将黄金从纽约搬回巴黎，以削弱美元的地位。由于欧洲国家更认可自己的货币，这就为马克成为区域货币提供了重要条件。但日元却未能成为亚洲甚至东亚地区的区域货币。东亚地区经济一体化远落后于欧洲，日本经济起飞主要借助于和欧美等发达经济体的经贸往来。日本经济崛起后也没有及时转移战略重心,对亚洲市场重视度不够,还曾一度出现"脱亚入欧"的呼声。东亚属于事实上的"美元区",美元长期占据主导地位。区内贸易大国,如中、韩在国际交易中大量使用美元。区内两大金融中心,新加坡是主要的美元离岸市场,中国香港实行与美元挂钩的货币局制度,所以要撼动美元的统治地位非常困难。加上近年人民币崛起,日元面临"前有美元、后有人民币"的困境,国际化进程受阻。

(2)德国和日本的货币国际化政策也存在很大差异。出于国内经济金融稳定的考虑,德国对货币国际化的态度开始比较保守,20世纪60~80年代初期曾一度主动限制马克国际化。其主要顾虑在于马克国际化需要马克可兑换和国内金融市场开放,大量资本流入将加大央行保持物价稳定的难度。当时德国金融市场的广度和深度有限,担心跨境资本大进大出将会导致马克汇率急剧波动,影响金融稳定。直至20世纪80年代初,联邦德国依然限制非居民购买国内债券和参与货币市场,防止马克大量流出境外。由于马克稳定的币值为其建立了良好的国际声誉,市场对马克计价资产的需求不断增长,抑制马克的市场需求的难度不断上升。同时联邦德国金融市场的广度和深度不断提升,资本项目开放、推动马克国际化的条件逐渐成熟。这些客观进程迫使联邦德国政府最终改变了限制马克国际化的立场。从1985年开始,联邦德国央行逐步取消了资本管制,促成了马克的国际化。日本的情况则截然不同,日本对货币国际化的态度则相对积极。日元国际化启动于1984年,起初是迫于美国的政治压力,但之后被日本政府作为政策推行,将日元国际化定义为"日元在国际货币体系中地位的提高和日元在经常账户交易和外汇储备中的比重上升"。为实现这一战略目标,日本逐步取消了跨境资本流动的限制,发展日元计价的金融市场和工具,包括建立在岸与离岸市场。但日元的国际化进程与马克国际化的结果最终还是大相径庭。虽然主动推动本币国际化的政策在日元国际化过程中发挥了重要作用,但日本国内的金融改革相对落后,逐步开放资本项目后,大量资金出于规避管制和套利目的实现跨境迂回流动,对国内的金融稳定构成威胁,在一定程度上反而抑制了日元的国际化进程。可见,政策导向对货币国际化进程虽然有重要影响但并非决定性的。货币国际化与国内金融改革，如资本项目可兑换、汇率市场化等紧密联系，推进这些改革能为货币国际化创造更好的条件，以实现收益最大化、成本最小化。但是相对滞后的金融改革使日元国际化的效果打了折扣，而稳健的宏观政策框架和有序推进的资本项目开放为马克国际化提供了重要支持。货币国际化在本质上是市场选择的结果，政策可以引导，能够为其创造条件，但终究不能替代市场。

### （三）国际经验对人民币国际化的启示

人民币国际化是中国的经济规模及贸易规模的客观要求。人民币跨境结算逐渐推行，进而向投资货币迈进，虽然也成为周边国家和非洲国家的储备货币，但短期内人民币成为全球储备货币的可能性不大。要成为全球储备货币就必然要挑战美元的地位，需要克服美元的网络效应，这个过程是漫长而艰难、充满不确定性的。从英镑、美元、马克、日元等货币的国际化历程来看，人民币国际化现阶段的目标是成为区域货币。区域化是人民币实现更大范围国际使用的基础。如果本币在经贸往来更为紧密的周边国家都无法广泛使用，就很难推广到其他国家和地区。马克国际化得益于其区域化，而日元区域化不足制约其国际化。人民币应首先立足于亚洲周边国家和地区，推动人民币在东亚地区、"一带一路"的使用，力争让人民币成为东亚乃至亚洲地区的主要区域货币。

人民币国际化政策应顺势而为。政策虽然不是货币国际化的决定性因素，但合适的政策能为货币国际化创造条件。比如，国内金融制度不断改革深化，金融市场的发展和开放能显著降低获得、持有和使用本币的交易成本，提升本币吸引力，提高本币的国际需求。从人民币国际化现阶段的需求看，人民币国际化需要与其他金融改革，如资本项目改革、汇率市场化协调推动，并进一步推动国内金融市场的发展和开放，增强人民币的可得性和使用便利性。

# 第二节　人民币国际化进展

强大的经济规模是一国货币国际化的坚实基础，我国人民币国际化的推进速度很快，在跨境贸易和投资、外汇交易、国际支付等方面具有很大提升，虽与我国经济实力相比仍有差距，但潜力巨大。

## 一、人民币国际化使用现状

2009 年以来，随着我国逐步解除跨境交易中人民币使用的限制，人民币跨境使用快速发展，主要体现在跨境贸易和投资、外汇交易、国际支付及国际债券等方面。

从跨境贸易和投资看，2009 年以来，人民币作为跨境贸易投资的结算货币，其地位快速上升。2014 年，跨境贸易人民币结算量达到 6.55 万亿元，同比增长 41.5%。其中，货物贸易人民币结算量达到 5.9 亿元，同比增长 95%，货物贸易人民币结算占比提升至 22.3%。2014 年，商业银行累计办理人民币跨境直接投资结算业务 1.05 万亿元，其中对外直接投资 1866 亿元，同比增长 1.2 倍，外商直接投资 8620 亿元，同比增长 94%。

从外汇交易看，国际清算银行数据显示，2013 年人民币场外日均外汇交易量达到 1196 亿美元，较 2010 年增长了近 2.5 倍，在全球外汇交易量中的份额达到 2.2%，排名第九。外汇交易构成上，人民币现货交易占日均交易量的 28.4%，远期占 23.5%，掉期占 33.8%，期权占 14.3%。这些数据一方面说明人民币"走出去"时间尚短，境外人民币资金池尚不能充分满足现货交易的需求；另一方面也反映了人民币"走出去"具有坚实的实体经济基础，企业和机构对利用人民币外汇衍生品来规避汇率风险有着相当高的需求。

从国际支付看，环球银行金融电信协会（SWIFT）的统计显示，2014 年 12

月，人民币已成为全球第五大支付货币，仅次于美元、欧元、英镑和日元，市场份额达到 2.17%。2013 年 10 月，人民币在传统贸易金融（信用证及托收款项）的占比升至 8.66%，成为仅次于美元的第二大贸易融资货币。

从国际债券和票据看，国际清算银行数据显示，人民币计价的国际债券和票据余额截至 2014 年三季度达到 849.3 亿美元，同比增长 28%，较 2006 年底增长了 165 倍。全球占比为 0.4%，排名第九，超过了港元、新加坡元和韩元，在新兴市场经济体中位列第一。

## 二、人民币国际化的基础

强大的经济规模是一国货币国际化的坚实基础。一国的经济在规模和程度上具有优势将会为货币的跨境使用提供保障和支持。经济规模首先对该国在国际贸易中所占的比重产生影响，大量的贸易活动通常会形成一个较大的外汇交易市场，从而扩大本国货币跨境使用的规模。因此，强大的经济规模有助于提升该国货币的可兑换性，为其国际化打下坚实的基础。

金融市场的深化、发展及有效监管有助于规避货币国际化风险。庞大、成熟及较高流动性的金融市场拥有更多的投资与借贷机会，监管程度也相对完善，因而有助于本国货币的国际化。

货币价值的稳定性能够增强非居民对本币的持有信心。对货币价值的信心对一种国际货币被当作价值储备来说是十分重要的。其中通货膨胀率的高低和汇率的波动性这两种指标可以衡量货币的稳定性。通货膨胀率越高，该货币的购买力损失就越大，货币的稳定性就越差。而本币汇率的波动性越大，以该货币作为储备持有的风险也就越大。

关于货币国际化对金融稳定的影响，国外学者主要从债务负担及货币政策外部性方面进行分析。如 Aliber（1964）认为，国际货币发行国可通过发行本国货币为国际收支赤字融资，增发货币使本币贬值可刺激出口并且减轻以本币计值的外债负担。余永定等（2010）认为，人民币国际化将降低中国企业所面临的汇率风险；可以帮助中国维持其外汇储备的价值；可以提高中国金融机构的融资效率,从而大大提高其国际竞争力;同时人民币国际化将成为全球金融稳定的一个平衡因素。马荣华(2006)运用计量分析方法,研究了人民币境外流通量对我国宏观经济的影响,认为人民币境外流通对我国经济外部均衡的有利影响大于不利影响。胡宗义等(2009)运用 CGE 模型—MCHUGE 模型分析人民币国际化对中国经济的影响,研究不同人民币国际化程度下的经济走势,认为人民币国际化对贸易条件的改善、就业及产业优化都具有正向作用。

就目前来看,人民币的国际地位与我国经济实力仍有差距。从贸易计价结算看,2014 年跨境贸易人民币结算量占比为 22.3%,人民币计价则更低,大幅低于美元、欧元、日元、澳元在本国贸易中的使用程度。从外汇交易看,人民币全球排名第九,排名在中国之前的八个经济体中,除美、欧外,经济体量和贸易规模均小于中国。可见,人民币国际化仍有巨大的潜力。

# 第三节  人民币国际化中的金融风险

一国货币在国际化进程中给该国带来收益的同时也增加了该国的潜在金融风险,给该国的经济金融稳定带来不利的影响。与此同时,一国的金融稳定与否对该国货币的国际化进程也起着推进或阻碍作用。货币国际化的进程使得货币供求同时受到国际市场供给与需求的影响,从而导致货币风险增大。人民币国际化进程中的金融风险大致有如下几个方面:

(1)币值不稳定。从汇率制度的角度来分析货币国际化影响,在我国人民币汇率形成机制、市场化程度不断提高的基础上,随着汇率波动幅度增大和汇率报价机制日趋反映国际市场供求,人民币国际化对中国的宏观经济变量以及货币、财政政策产生直接影响,而且人民币在境外流通规模的增加会降低货币政策的效力,也会造成人民币汇率的不稳定。在国内经济实力尚未发展到一定程度时,人民币国际化萌芽也存在一定的风险,有可能远期人民币汇率和在岸人民币汇率的波动预期，干扰我国汇率制度的统一性与稳定性；也可能在一定程度上影响国内的货币供求关系，影响国内货币政策；还可能刺激人民币向境外非正常流动，削弱国内货币管理与银行体系的稳固性。尤其在汇率波动较大的情况下，微观经济主体通过货币替代而进行的资产调整行为，可能导致我国货币需求的不稳定，这样就在货币的需求机制上，形成了一种从微观到宏观的影响机制。

（2）货币政策失效。Tavalas（1997）则从货币国际运用的成本角度分析，在盯住汇率制下，外国人偏好的转移可能会导致大量的资本流动，破坏货币当局控制基础货币的能力并影响国内经济活动；在浮动汇率制下，这种转移导致汇率的大幅度变动，可能会限制货币当局的国内政策能力。如 Triffin（1961）最早分析了在布雷顿森林体系下美元承担的两个责任，即保证美元按官价兑换黄金、维持各国对美元的信心和提供清偿力之间是相互矛盾的（即特里芬难题）。Liber（1964）、Bergsten（1975）认为，美元作为世界关键货币不仅面临"特里芬难题"，而且美元的国际作用减少了美国执行独立货币政策以及运用货币贬值政策的能力。C. Fred Bergsten（2009）认为，美元作为具有国际统治地位的货币，在过去三十多年中，使全世界大规模贸易和经常账户的赤字陡升，从而促成了低利率、资金的流动过剩和宽松的货币政策，同松散的财政监管一道，成为引发当下金融危机的重要因素。在本币国际化的背景下，数量型调控的货币政策框架效果会变差。人民币国际化增加了境外人民币需求，境内货币政策将难以精准调控基础货币投放。如央行试图通过扩大货币供给增加境内流动性，基础货币可能流出境外，导致货币政策的扩张效果不如预期。从历史经验看，美元国际化和离岸美元市场的发展也是导致美联储放弃数量型调控货币政策框架的重要原因。在人民币国际化的背景下，如不能实现货币政策从数量型调控为主向以价格型调控为主的转变，我国货币政策调控的效果、货币政策的独立性将受到挑战。

（3）货币投机与跨境资本流动风险。人民币国际化意味着最终会基本上放弃资本项目下的外汇管制，在一定条件下会产生套利行为，加大经济泡沫，严重扭曲国际收支内外均衡的格局，引发金融动荡；人民币国际化会使部分地下经济浮出水面，纳入银行渠道，对经济及金融稳定产生负面影响。跨境资本进出频繁，人民币国际化提升了人民币资产的吸引力，境内资本市场将面临全球的人民币投资需求，跨境资本流动的规模大幅增长和波动放大，可能对境内市场造成冲击从而影响金融稳定。如果人民币成为全球交易的载体货币，国际金融市场的波动也将改变境外人民币的供需和价格，并通过跨境资本流动、离在岸资金价格互动等方式影响境内市场，放大境内市场对外部风险的敞口。

（4）对国际收支平衡的影响。首先，一国货币的国际化会促进本国资本项目的开放。本币国际化初期，由于该国往往处于经济的崛起阶段，因而经常收支处于顺差状态。随着资本项目的逐步开放，资本流入的不断加大，短期内会对本币产生升值的压力，从而不利于本国出口的增长。长期来看，该国将会出现经常收支顺差减少甚至经常收支逆差。经常收支逆差会使币值下降，也会造成失业的增加和产出的下降。随着资本项目的逐步开放，本国资本的流出入规模将会增大，从而对本国的金融资产价格产生一定的波动，给货币投机带来可乘之机。同时，资本的大规模流入容易造成本币汇率高估，这会加大货币投机风险，也会加大本国的经常收支逆差额。

（5）商业银行体系的风险可能上升。人民币国际化为境内银行更加广泛地参与国际银行业竞争提供了良好的平台，但人民币离岸市场业务的拓展，也会给境内商业银行经营带来新的风险和挑战，影响境内微观金融主体的稳健性。

（6）企业使用人民币的需求。虽然近年来人民币跨境结算业务取得显著进展，但企业使用人民币的需求仍相对较低。与主要发达经济体相比，我国企业在贸易投资中采用本币计价结算的比例仍然偏低。比如，2012年我国贸易企业采用人民币计价的比例仅为9.1%，而美国、德国、日本出口贸易中本币计价分别达到80%、50%和30%以上。企业使用人民币的需求受到相应的因素制约。由于我国企业在全球贸易分工体系中处于低附加值地位，贸易企业定价权较弱，外资企业占比高，推动人民币贸易计价结算能力不足，只能被动接受贸易伙伴选择的贸易计价和结算币种。加上人民币外汇交易市场的深度和广度相对欠缺，人民币衍生产品交易量小，不能完全满足企业的避险需求，难以挑战国际交易依赖美元的惯性。

对于我国这样一个发展中大国来说，研究和分析货币国际化及其可能出现的各种金融风险及相互作用，将有助于解决人民币国际化进程中的金融风险问题以及稳步推进人民币国际化进程，在经济全球化的今天，这对全球的金融稳定及货币关系研究都具有重要的实践意义。本节从人民币国际化进程中的金融风险的角度，论述了人民币国际化中的货币安全、国际收支失衡的风险、外汇流动性安全，结合我国经济实践，从货币政策失效、货币投机、金融资产价格变动等方面研究了货币国际化对金融稳定的影响并提出风险防范。

# 第二章 人民币国际化进程中的货币风险

随着人民币国际化的加速推进，人民币汇率与国际市场的联系日益密切，人民币汇率受国内国际因素影响，波动也会加大。因此，应当密切关注人民币国际化进程中的币值不稳定的风险，货币政策的调整也要与之相适应，维护币值稳定，发挥价格型调控作用，同时人民币汇率机制改革要深入推进，以提高对货币的风险管理水平。

## 第一节 货币安全含义及表现形式

货币安全主要指币值稳定，表现为国内物价稳定和汇率稳定。从对内安全和对外安全两个角度来理解。所谓对内安全，指国内物价稳定，货币购买力比较稳定，不大起大落，既没有明显的通货膨胀也没有明显的通货紧缩，这要求国内的货币银行体系保持较高的稳定性。所谓对外安全，指本国货币与国际货币保持相对高的稳定性，国际上对本国货币有信心，同时本国货币主权也不能受到国际霸权的侵害。这要求汇率的波动在一个较小范围内，在宏观调控中能实行有效的货币政策。

货币对内安全和对外安全的相关性想要不断增强，必须做到以下两个方面：一方面，货币的对内安全要求有良好的外部货币环境，如果一国货币对外失衡，汇率大起大落，国际资本外逃或大量流入，将引发国内货币供求失衡，导致国内房地产价格、国际大宗商品、股票价格出现大起大落，货币的对内稳定性受到严重挑战；另一方面，货币的对外安全性，需要有相对稳定的国内政策环境做支撑，如果国内供求失衡，对内升值或贬值，也会引发国际资本逃离或大举进入，引发汇率大起大落。

人民币要成为国际货币，必须使世界各国对该币币值充满信心，而信心往往来自其币值对内外的稳定程度。人民币价值稳定，才会吸引非居民有意愿持有本币资产，本币才会进化为全球贸易和投资中的计价结算货币。根据货币竞争中的"逆格雷欣"法则，只有良币战胜劣币，才有可能在国际竞争中胜出最终成为国际货币。那么，促进人民币国际化首先就要让人民币成为币值稳定的良币。随着我国经济实力的增强，人民币近年来表现稳定，开始了国际化进程。随着人民币国际化程度的提高，其流通范围越来越广，我国政府对其发行的货币的监控难度越来越大，人民币的名义价值和我国所拥有的经济实力很难吻合，这就会导致在全球寻求利润的投机资本抓住机会进行货币投机活动。因此，国际化的货币很容易出现"币值高估"的情况。"币值高估"会恶化国际收支状况，以各种途径影响货币发行国国民经济的正常运行，甚至引起严重的金融危机。英镑和美元都曾经因为"币值高估"而由盛转衰。"一战"结束后，由于物价上涨，随后而来的国际收支困难和黄金大量流失使得英国经济陷入困境，英镑走向衰落。美元由于债务累积而黄金储备下降，美元高估，使得布雷顿森林体系破产。可见，一种强势货币走向衰落是由多种因素造成的，但是"币值高估"都是由盛而衰的转折点。

高估值货币的官方价格或名义价格高于货币的实际购买力，本币长期高估必然降低该国的国际竞争力，导致出口下降进口上升，从而恶化国际收支状况，并且减缓国内经济发展速度。在金融市场上，一国货币高估使得原有的投资转化为投机，投机型的汇率上升越高，其潜在的货币危机和金融危机的风险就会越大。一旦升值结束就会出现大量的恐慌性资本外逃、有价证券的资产价格和房地产价格暴跌，该种货币疯狂贬值，从而使该国经济遭到毁灭性打击。

综上所述，我国既要做到人民币在国内外流通，又不会影响币值的稳定，同时能够灵活调控金融市场的心理预期，并适时运用货币政策工具进行适当有效的干预，确保人民币币值稳定。

# 第二节 人民币国际化的汇率风险

人民币国际化以来，汇率与国际市场的联系变得紧密，汇率波动增大，同时也带来套汇风险、贸易困境、货币政策两难等风险加剧的情况。

## 一、近期人民币汇率波动频繁

中国人民银行于2015年8月11日完善了人民币汇率中间价报价机制，即做市商参考上日银行间外汇市场收盘价，考虑外汇供求及国际主要货币汇率变化向中国外汇交易中心提供中间价报价，这意味着中国汇率制度将更具灵活性。人民币汇率自8月11日起连续三天累计近4%的跌幅引发了国际金融市场的恐慌，此后央行通过对人民币即期和远期汇率的干预保持了汇率的基本稳定。就现实来看，美元加息不可避免，人民币资产价格需要调整，提前一次性释放调整的压力，这也是人民币汇率在多重压力下的主动性选择。

人民币汇率变化受四个基本因素影响：汇率制度改革、经济基本面、外部因素和央行干预。

（1）从制度因素来看。1994年外汇体制改革开始，以市场为基础的有管理的浮动汇率制和统一规范的外汇市场建立，汇率并轨，稳定在8.3上下。2005年中国人民银行宣布人民币汇率形成机制改革，建立以市场供求为基础、参考一篮子货币进行调节、有管理的浮动汇率制度。2005年6月至2015年5月这10年间，人民币兑美元、欧元与日元分别升值了26%、32%与33%，如图2-1所示。人民币兑其他国际主要货币的升值幅度远超过上述三大国际货币。根据BIS的数据，在上述10年间，人民币名义有效汇率与实际有效汇率分别升值了46%与56%。

人民币兑美元汇率的每日波动幅度分别在 2007 年 5 月、2012 年 4 月与 2014 年 3 月进行了三次放宽，由最初的正负 3‰ 扩大至目前的正负 2%。如果充分利用这一波幅，在一周内人民币兑美元汇率就能升值或贬值 10%。2014 年人民币兑美元即期市场汇率一波三折，如图 2-2 所示。2004 年 1 月初至 6 月初，人民币兑美元市场汇率由 6.05 左右下跌至 6.26 左右，11 月底人民币兑美元市场汇率上升至 6.14 左右，全年贬值 2.5%，这也是自 2005 年汇改以来的首次年度贬值。2015 年我国汇率仍然在反复波动，2015 年 1 月底，人民币兑美元市场汇率再次下跌至 6.26 左右，2 月开始有所回升，6 月为 6.11。在外汇管理上，我国目前仍有人民币结售汇制度，限制了出口企业的外汇留存，抑制了出口企业的外汇需求，使得由供求形成的价格与实际价格相背离。由于我国只实现了人民币经常项目下的

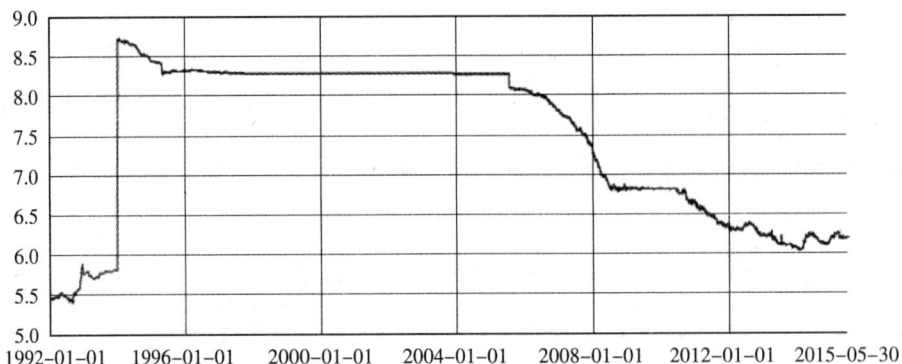

**图 2-1　1992~2015 年人民币兑美元汇率**

资料来源：www. TRADINGECONOMICS.COM丨OTC INTERBANK。

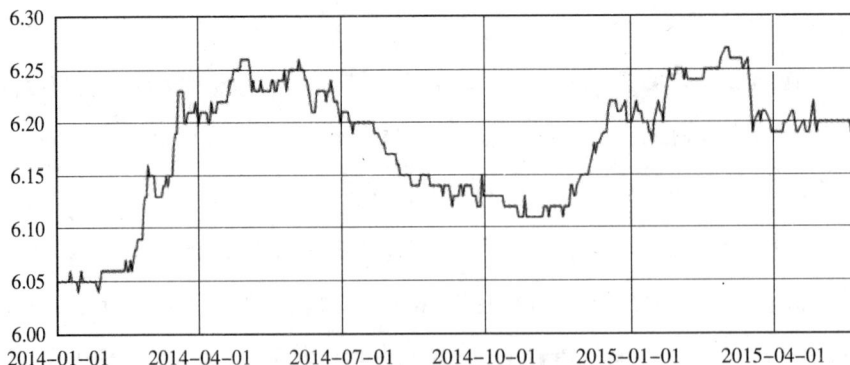

**图 2-2　2014~2015 年人民币汇率**

资料来源：www. TRADINGECONOMICS.COM丨OTC INTERBANK。

可兑换，兑换程度还有限制，而资本项目却未完全放开，这些制度性因素都抑制了外汇需求的增长。

（2）从经济基本面来看，三方面因素都反映了汇率近期波动较为频繁。一是国民收入变动。近年来我国经济保持高度增长，国民收入增长较快，商品供给和内需都在增长，货币购买力加强，因此，2004~2014 年人民币汇率基本都在升值。不过，2013 年底经济增长率开始下降，经济风险不断积聚，2014 年开始汇率双向波动较明显，2014 年 3 月 20 日出现最低点 6.1，不过此后都在 6.0~6.3 波动。2014 年 11 月初，受美元汇率走强和美联储退出量化宽松政策的影响，同时 11 月国内出口数据偏弱，对汇率的支撑作用减弱，汇率持续走弱。直至 2015 年央行动用外汇储备对人民币汇率进行干预，汇率才稳定下来。二是国际收支状况。一国国际收支是决定汇率趋势的主导因素，国际收支顺差则本币升值、外币贬值；国际收支逆差则本币贬值、外币升值。我国十多年国际收支都为顺差，所以汇率逐年上升。2014 年有所变化，我国经常账户顺差收窄，资本与金融账户出现逆差，2014 年第四季度，资本与金融账户逆差达 912 亿美元，这是 1998 年以来最大规模赤字，说明经济基本面出现了较大变化，投资者对人民币资产需求下降。从第三季度开始，外汇市场的主体结汇意愿就开始下降，购汇动机逐步增强，人民币汇率也随之以贬值的方式反映出来。三是利率。利率波动导致国内外资本流出和流入进行套利，引起外汇市场供求变化，对汇率影响巨大。利率提高、信用紧缩，货币升值；反之亦然。过去由于美联储连续下调联邦基准利率，我国和其他国家（地区）间利率水平的差异较大，国际资本涌入，人民币汇率升高，2014 年下半年我国进入了降息周期，资本大量外流，汇率下降。

（3）从外部影响因素来看。在国际金融危机期间，全球避险情绪加重，资金纷纷回流美元，中国也是能规避资金风险的重要目标市场，美元汇率下跌时期人民币升值预期明显，大量国际流动资本涌入中国，升值压力增大。当发达国家货币政策分化后，美国经济复苏，美元汇率进入上升周期，强势美元导致人民币承压，人民币汇率下跌。2014 年 6 月底开始，美元开始逐步上涨，美元指数从 75 攀升至 85，这主要得益于美国经济的强劲复苏。据 IMF 最新预测，2014~2017

年，美国经济增长率将比欧元区和日本高出 1~1.5 个百分点，美元上升动力进一步增强。在强势美元的引导下，企业开始调整财务运作方式，重新配置资产负债表的币种头寸。在我国银行间外汇市场，美元从供过于求转为供不应求。从市场交易主体来看，人民币汇率波动性上升，人民币不再是安全的投资货币，其风险因子逐步显现。在 2014 年以前，仅在次贷危机和欧债危机期间，我国出现过短暂的资本外流和人民币汇率贬值。在其他时段，人民币汇率具有持续的升值预期，套利空间较大。境内企业一般会采取资产本币化、负债外币化的财务运作，吸引外部资本流入。但是 2014 年之后，人民币汇率和新兴市场货币指数开始趋同，特别是在下半年，人民币汇率的表现更像是新兴市场货币。在这种情况下，尽管中国大陆利率水平仍相对较高，但跨境资本对人民币的需求反而下降。

（4）从央行的市场干预来看。自 2005 年汇改后，中间价作为基准汇率对于引导市场预期、稳定市场汇率发挥了重要作用。但 2014 年以来，中间价与市场汇率偏离幅度较大，影响了中间价的市场基准地位和权威性。2014 年央行的外汇储备和金融机构外汇占款有所下降，市场流动性相对紧张，8 月汇改以来，汇率跌幅较大，因此央行 8 月动用了 1200~1300 亿美元来稳定汇率。同时，央行对代客远期售汇收 20% 的外汇风险准备金导致 9 月 1 日离岸人民币兑美元半小时内大涨逾 300 点。9 月 11 日，央行再次发布新规，便利跨国企业集团开展双向人民币资金池业务，随后，离岸与在岸人民币应声大涨，价差大幅收窄，央行此举将拓宽人民币回流机制，打通两者市场之间的通道，离岸人民币供给将下降，因而离岸汇率大涨，向在岸即期汇率靠近。央行的举措旨在应对未来外汇挤兑风险，抬升跨境套利的成本，缓解人民币贬值预期的无序发酵。由于经济持续下行和新汇改的推出，央行也面临尴尬处境。如果不让人民币贬值就需要大量的外汇储备干预，这不仅不能阻止资本外流，还会造成国内流动性紧张。但如果冒险让人民币更自由地浮动，就会在短期内造成更大的资本外流压力，外债违约，甚至国内投资减速。因此，央行的做法是，允许人民币有序贬值，同时开始对资本流出设置更多限制。预计到 2015 年底，人民币即期汇率能维持在 6.3~6.5。当然，如果美元进入加息周期，人民币波动可能加剧。

## 二、套汇风险突出

境外人民币存款规模可作为人民币国际化的衡量指标。现阶段境外人民币资产包括人民币现金、人民币存款（含活期存款、定期存款）和人民币计价债券（"点心"债券）等形式，其中人民币存款是主要形式，其规模远大于境外人民币现金和人民币计价债券的规模。

### （一）境外人民币流动性趋紧，远期汇率下降

随着人民币国际化持续推进，离岸人民币回流渠道不断拓宽，境外金融中心对人民币的争夺愈发激烈，但离岸资金池的扩容速度并不匹配，所以导致境外人民币流动性趋紧。究其原因，大致有如下三点。第一，从资金来源看，离岸人民币资金池增长缓慢。2015 年 1 月，香港地区人民币存款余额降至 9814.4 亿元，较 2014 年 12 月的 10035.8 亿元下降了 221.4 亿元，同比增速下滑至 9.9%。事实上，2015 年海外银行对人民币存款的争夺持续升温，离岸人民币存款利率不断升高：香港地区多家银行上调人民币存款利率，汇丰银行将 2 万元及以上新存款 3 个月期和 6 个月期人民币定存利率从 3.2% 上调至 3.5%，永隆银行将 10 万元及以上 1 年期人民币存款利率从 4.1% 上调至 4.4%。第二，离岸人民币持续净回流内地。从 2014 年 11 月 17 日沪港通启动至今已经有超过千亿元的海外资金通过沪港通配置了 A 股。2015 年 2 月初通过沪港通的人民币净流入单日就达到 25 亿元，且 RQFII 审批额度仍在不断增加。2015 年 1 月、2 月新增额度 118 亿美元，表明离岸人民币加速回流内地，这并不利于人民币国际化战略的推进。第三，离岸市场人民币运用渠道不断拓展。离岸人民币债券发行主体由中国香港、中国台湾、新加坡扩展到英国、澳大利亚、韩国、法国、德国等多地。离岸贷款稳步增长，香港人民币贷款额截至 2014 年 12 月达到 1880 亿元。而上海自贸区金融改革 3.0 政策拓宽了自贸区企业境外人民币融资渠道。虽然境内外贷款利差有所收窄，但境外融资利率仍低于国内。在人民币贬值预期下，融资主体可能更乐于持有人民币负债。以上三个因素解释了境外人民币流动性紧张的原因。如图 2-3 所示，由于资金来源有限，境外人民币存量规模自 2014 年以来增长变得缓慢。

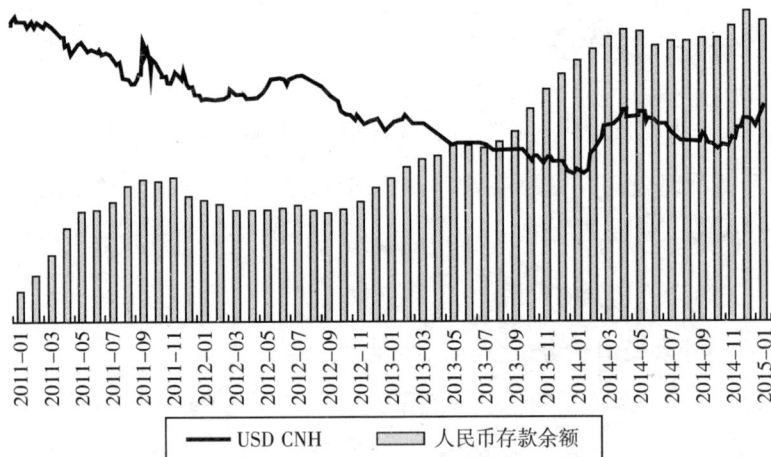

图 2-3　CNH 汇率与香港地区人民币存款余额

资料来源：Bloomberg，the HKNA。

## （二）套汇风险

离岸人民币市场的发展是人民币国际化的基础之一。香港地区离岸人民币外汇市场受政府管制较少，离岸人民币越来越具备像新加坡元、泰铢等亚洲货币的特性，不仅受境内市场的影响，更是全球外汇市场的一部分，其人民币无本金交割远期（NDF）汇率基本上可视为由供给和需求共同决定的市场均衡汇率，即人民币远期汇率。如果远期汇率高于在岸即期汇率，市场会预期人民币将升值。如果远期汇率低于即期汇率，则市场上存在着对人民币的贬值预期。美元指数的强势，造成了 2015 年初人民币贬值压力。而 2015 年 2 月，银行结售汇逆差 1054 亿元，也印证了外汇市场上人民币汇率承受贬值压力的情况。但是，在岸人民币汇率受到人民币汇率中间价的牵制，几度逼近较中间价贬值 2% 的最大波幅，央行能够运用巨额外汇储备进行干预。而离岸汇率的形成是完全市场化的，不受中间价的影响，而受外汇供求及市场预期的影响，贬值幅度明显更大，这造成 2015 年以来境内外汇差曾多次达到 100 基点之上。

人民币远期汇率与即期汇率的汇差导致了频繁的套汇风险，表现为以下两点：

第一，投资者做空人民币抬高短期资金需求。由于市场存在着人民币贬值预期，一些投资者选择做空人民币各类产品，在现期按一定汇率以美元为抵押获取人民币，如果人民币随后贬值，则在到期日按先前汇率结算获利。因此，离岸人民币做空规模扩大就意味着现期对离岸人民币的需求增加，市场拆借人民币需求旺盛，导致银行拆借利率不断上升。

第二，"跨境搬运工"抽离离岸人民币资金导致资金供应减少。从离岸市场借取人民币，将人民币汇入内地并换取美元，将美元汇到离岸市场结汇并偿还借款，套取汇差收益。在人民币贬值预期下，有真实贸易为依托的内地外贸企业倾向于选择在香港地区结汇，并将所获人民币运用于在岸市场，这发挥了套汇者的作用。因此，境内外汇差大小、汇率波动性和资金成本对于是否可能出现大规模的套汇是非常重要的因素。

### 三、汇率稳定面临困境

中国在政策目标选择上面临困境。一方面试图放宽货币条件支撑经济增长，另一方面试图让人民币盯住美元，而美元随着美国经济复苏正在走强。

衰退性逆差将影响汇率稳定。我国数年经常账户和资本账户双盈余，人民币升值压力较大。如今经常账户盈余收窄，资本流动明显转向。就贸易顺差看，2015年8月出口1.2万亿元，下降6.1%；进口0.84万亿元，下降14.3%；顺差3680亿元，扩大20.1%。在出口继续低迷，内需极度疲弱的情况下出现的顺差被称为"衰退性贸易顺差"，这种出口不断下滑而仍然保持的贸易顺差显然并不有利于汇率稳定。如果要对出口形成刺激，须大幅贬值10%以上，但目前不可行，人民币汇率的长期贬值也不利于人民币国际化和资本投资海外。

2015年第一季度央行出售外汇资产2520亿元人民币，2014年第四季度出售外汇资产1330亿元人民币。随着货币宽松导致利率下降，资本流出将加速。降息和中国国内股市上涨放缓都会刺激中国投资者将资金投往海外。中国实际上的宽松的货币政策也在生效，从其他国家的经验来看，宽松的货币政策往往会伴随着货币大幅贬值。市场普遍预期2015年底美联储将进入加息周期，而欧盟、日本仍然是货币宽松政策。中国经济增速减缓，美元不断升值，人民币贬值压力较大。

外汇储备下滑明显。外储自2014年6月冲至3.99万亿美元之后，仅2014

年 8 月、2015 年 4 月为正增长，其余月份均为负增长。从 2014 年 6 月最高点近
4 万亿美元到 2015 年 8 月 3.56 万亿美元，约减少 4400 亿美元，而 8 月比 7 月骤
减 939 亿美元，是历史最高单月跌幅。实际外汇储备下降数额可能更大，原因在
于：一是外汇储备中的日元和欧元的升值被抵消。8 月欧元对美元升值 2%，日
本对美元升值 2.2%，以 2014 年欧元和日元约占我国外汇储备 30% 的比重来看，
欧元和日元资产在 8 月应有 220 亿美元增值。二是外汇储备的投资收益被抵消。
2015 年 1~7 月外汇储备月度均值为 3.74 万亿美元，按照 3% 的平均年收益率看，
每月约有 90 亿美元的投资收益。综合上述两项，外汇储备下滑规模更大，应是
939 亿美元 + 220 亿美元 + 90 亿美元 = 1249 亿美元。

资本加速外流的趋势和风险。如果 8 月外汇储备减少 939 亿美元，去掉贸易
顺差 3680 亿元（584 亿美元），还尚未去掉 FDI，资本净流出就已超过 1500 亿美
元，创下惊人的历史最高，实际流出可能更多。而之前 2014 年 6 月至 2015 年 6
月资本外流总额也超过 5000 亿美元（不含债务清偿部分）。若资本持续外流，外
汇储备不断下降，就如 1998 年东亚金融危机，因很多外资提前进入这些原本高
速增长的国家，一旦经济恶化，外资撤出这些国家就会导致其货币和国内资产价
格崩溃。虽然我国外储仍居世界第一，按照国际上各种标准测算，足以应付各项
职能。但若资本外流加速，外储下降太快，人民币面临的贬值风险就会骤然增
大。因此，必须控制资本流出规模，目前外管局对外汇交易业务的监管已经收紧
至资本项下，要求上海各外汇指定银行自查全部境外直接投资外汇业务，此前还
要求上海、广东等地金融机构加强各项外汇业务监管，严控外汇流出。未来我国
一段时间仍处于汇改"磨合期"，资本外流加速，通过加强监管来防范跨境资本
流动的风险非常必要。

美元加息压力。如果美联储 9 月加息，我国外储将加速下降，或者年底进入
加息周期，而欧盟、日本仍然是货币宽松政策，我国随着货币宽松导致利率下
降，资本流出加速，降息和股市下跌都会刺激投资者将资金投往海外。由于经济
增速减缓，而美元不断升值，人民币贬值预期较明显。

总的来看，人民币币值稳定才有助于人民币国际化，进而达到国际储备货币

地位。汇率政策要有利于我国经济稳定，过度波动显然不利于经济。如果降息的同时不让人民币贬值，为支撑人民币而进行市场干预，实际上是在缩紧货币供应，可能会导致中国经济进一步下滑。可见，政策制定者可能会遭遇"不可能三角"，即一个国家不可能同时实现资本流动自由、货币政策的独立性和汇率的稳定性。

# 第三节　基础货币发行机制和货币政策困境

我国基础货币发行机制也在不断累积货币风险，境外人民币减少对基础货币的影响在于可能产生通货紧缩，这些都令货币政策的独立性受到挑战。

## 一、基础货币的发行机制及风险

### （一）基础货币发行机制不断变化及通货膨胀累积风险

从央行的资产负债表（表 2-1）可以看到：

储备货币 = 国外净资产 + 国内净信贷 - 发行债券

**表 2-1　2015 年中央银行资产负债表**

单位：亿元

| 项　目 | 2015-01 | 2015-02 | 2015-03 | 2015-04 |
|---|---|---|---|---|
| 国外资产 | 278606.09 | 278395.27 | 276072.56 | 275616.52 |
| 外汇 | 270688.81 | 270468.22 | 268160.81 | 267701.39 |
| 货币黄金 | 669.84 | 669.84 | 669.84 | 669.84 |
| 其他国外资产 | 7247.44 | 7257.21 | 7241.92 | 7245.29 |
| 对政府债权 | 15312.73 | 15312.73 | 15312.73 | 15312.73 |
| 其中：中央政府 | 15312.73 | 15312.73 | 15312.73 | 15312.73 |
| 对其他存款性公司债权 | 25789.62 | 32422.43 | 31478.70 | 30600.44 |
| 对其他金融性公司债权 | 7848.81 | 7847.15 | 7847.15 | 7846.35 |
| 对非金融性部门债权 | 11.66 | 11.67 | 41.30 | 52.95 |
| 其他资产 | 11299.13 | 11421.56 | 11473.10 | 11459.29 |
| 总资产 | 338868.05 | 345410.82 | 342225.55 | 340888.28 |
| 储备货币 | 288343.85 | 298674.42 | 295752.63 | 293129.47 |

| 项　目 | 2015-01 | 2015-02 | 2015-03 | 2015-04 |
|---|---|---|---|---|
| 货币发行 | 69461.11 | 82921.96 | 69078.10 | 67127.36 |
| 其他存款性公司存款 | 218882.75 | 215752.46 | 226674.52 | 226002.11 |
| 不计入储备货币的金融性公司存款 | 1505.38 | 1639.78 | 1729.00 | 1811.89 |
| 发行债券 | 6522.00 | 6522.00 | 6522.00 | 6522.00 |
| 国外负债 | 1561.64 | 1447.11 | 1405.32 | 1703.93 |
| 政府存款 | 37803.05 | 32344.83 | 29829.21 | 30667.92 |
| 自有资金 | 219.75 | 219.75 | 219.75 | 219.75 |
| 其他负债 | 2912.37 | 4562.92 | 6767.64 | 6833.32 |
| 总负债 | 338868.05 | 345410.82 | 342225.55 | 340888.28 |

资料来源：中国人民银行网站。

这四组项目中，储备货币是央行基础货币投放量。就国外净资产来看，其增加意味着本币投放，其减少意味着本币回收。就国内净信贷来看，其增加意味着货币投放，其减少意味着货币回收。就发行债券来看，即央行发行央票，发债越多回收的货币越多，发债减少意味着向市场投放了货币，发行债券的增减与储备货币是反向运动。可见，增加国外净资产、国内净信贷或者减少债券发行都会导致基础货币增加，反之，基础货币减少。这三大因素影响着基础货币投放，影响着货币政策，是基础货币投放的三大主要渠道。

我国基础货币发行机制经历了以下变化。在20世纪80年代到90年代，中国人民银行投放基础货币的主要渠道是再贷款及再贴现，1993~2000年占同期基础货币的比率平均为70.2%。2001年以来，基础货币投放渠道转变为外汇占款，2009年外汇资产占基础货币的比率达到121.8%的历史高点。2010以后，外汇占款增长速度有所放缓，占基础货币的比率稳定在90%~100%。

我国外汇占款不断增加导致被动发行基础货币。由于人民币是非国际自由可兑换货币，外资进入后需兑换成人民币才能流通使用，为外资换汇要投入大量的资金，导致货币需求量增加，形成了大量外汇占款。外汇占款主要从三个市场对物价指数产生影响：在商品市场中，交易货币量增加导致通货膨胀；在货币市场中，货币供应量的增加导致市场利率下降，鼓励居民和企业将储蓄转为消费，引起物价上涨进而发生通货膨胀；在资本市场中，货币供应量的不断增加引起利率下降，证券价格随之上升，则资金会转向实物资产投资，相应的劳动需求增加，工人工资增加，进而转化为成本推动型的通货膨胀。由于外汇占款导致货币供应量的增加，货币供应量的增加引发物价的上涨出现通货膨胀，虽然不是直接影响，但随着外汇占款的不断增加，外汇占款将对通货膨胀的影响越来越大。

**（二）境外人民币减少对基础货币的影响在于可能产生通货紧缩**

人民币跨境收付，代表了人民币跨境结算部分，其差额是境外人民币的变化规模。人民币汇率走势直接影响到人民币跨境收付差额。自 2010 年以来，人民币汇率单边升值预期，人民币跨境收付逆差不断扩大。但是自 2014 年以来，人民币汇率双向波动趋势凸显，甚至出现了长达半年的人民币跨境收付大规模顺差，这说明由于人民币贬值预期增强，境外持有人民币动力减弱，可见，人民币汇率相对强势，是人民币国际化和人民币"走出去"的必要条件。境外人民币市场也反映了人民币境外收付平衡情况。从中国香港、中国台湾、新加坡、英国伦敦和卢森堡等主要离岸市场人民币存款来看，截至 2015 年 1 月，这五大人民币离岸中心人民币存款为 1.58 万亿元，与国家外汇局统计的 2012 年以来的人民币跨境收付逆差总额 1.5 万亿元基本一致。

在 2014 年之前的 10 年里，外汇占款一直是人民币基础货币投放的主要渠道。外汇的形成、流入流出包括三种途径：贸易、国际直接投资和国际金融市场交易，这三种途径分别对应着贸易顺逆差、FDI 和热钱。2014 年 3 月以来，随着外汇占款的急剧减少，货币当局通过创新流动性工具等方式，满足了整个社会的资金需求。但是，随着人民币国际化和境外人民币离岸市场的发展，境内流动性外溢，一定程度上加剧了境内流动性的紧张程度。

尽管中国目前货币、信贷存量巨大，但是在被过剩产能、无效投资以及非实体经济的高回报领域大量挤占的情况下，直接作用于实体经济领域、具有流动性的货币资金其实相对不足。同时，外汇占款减少使基础货币的投放减弱，银行吸存能力和放贷能力下降，导致货币总量呈现下降趋势。因此，如果真正具有流通能力的流动性偏紧，通缩的危险就比较大。

## 二、货币政策的独立性受到挑战

货币存量管理与监测难度加大。随着人民币国际化的不断推进，货币需求因素更为复杂。国际市场对人民币的需求越来越旺盛，国内外的经济变量都会影响人民币的需求，非居民对人民币的需求也成为货币需求函数的关键因素之一。这部分人民币或由个人或企业持有，或由外国政府以外汇储备的形式持有。人民币国际化下的货币需求包含了国内居民对人民币的需求以及非居民对人民币的需求，货币需求函数就需要加入包括外币的收益率、非居民的恒久性收入、人民币与外币的汇率等在内的变量，这意味着央行的货币供给将变得更加复杂。货币供给也不再局限于本国央行发行的货币，传统的定义无法准确衡量货币存量。货币供给量目标的可控性降低，大量人民币在境外定价、交易和流通会通过跨境资本流动渠道影响我国的货币供给，进而增加央行对人民币存量统计监测的难度，影响央行控制货币供给的能力。

货币政策传导机制发生变化。首先，利率杠杆的作用会受到一定限制，由于利率上升会引起国际短期资本的大量流入，导致人民币升值，进而引起外贸出口减少，国民收入下降，物价下降；同时，利率升高、人民币升值会导致资本进一步流入，货币供应中外汇占款增多，投放的基础货币相应增多，使利率下降，国内价格不降反升，抵消紧缩货币政策的作用。可见，在其他条件不变的情况下，物价究竟是上升还是下降，取决于出口减少导致的物价下降与资本流入引起的物价上升之间相互抵消的程度。因此，人民币国际化后，利用利率调控物价的效果具有不确定性。其次，汇率政策工具部分失效。根据"三元悖论"的观点，一国不能同时维持汇率稳定、资本自由流动和货币政策的独立性，只能在三项中选择两项。在人民币国际化的背景下，只有一种选择，即汇率稳定和资本自由流动的组合。因此，人民币国际化进程很可能导致中国在汇率政策上丧失主动性。人民币国际化后，央行不能放任人民币大幅或频繁波动，这种目标可能与抑制通货膨胀的目标发生矛盾，增加货币政策调控的难度。

中国也会面临新的"特里芬难题"。"特里芬难题"是任何货币国际化的国家都会面临的，这一难题指出了货币发行国在以贸易逆差向储备国提供结算与储备手段的过程中，本币贬值压力与保持本币币值稳定之间的冲突。目前人民币的流通多限于周边国家，境外流通量较小，对中国宏观经济的影响不大。据统计，2011 年人民币境外结算量为 6.6 万亿元，人民币境外存款为 1.9 万亿元，人民币国际债券未偿余额 5351 亿元。随着人民币国际化进程的不断深化，如果其他国家需要增加人民币作为国际储备资产，中国就必须通过国际收支逆差来满足该国的需要。持有人民币作为国际储备的国家越多，就意味着中国的国际收支逆差越大，而国际收支逆差又会导致人民币贬值。如果人民币持续逆差，持有人民币作为储备资产的国家将不愿持有更多的人民币，这样就使人民币面临因贸易逆差造成的贬值压力与保持币值稳定的冲突局面。虽然目前中国在为其他国家和地区提供人民币资产时还没有出现上述冲突，但在贸易方面，中国对亚洲地区的贸易已经出现逆差，如果扩大内需得以实现，长期双顺差的局面可能彻底发生改变，大量人民币在境外流通，上述困境凸显，中国也将面临与美国同样的两难选择。

# 第四节　人民币国际化的政策建议

## 一、完善货币调控和决策机制

完善货币调控和决策机制可以从以下几个方面入手：

第一，由多重目标向币值稳定目标转换。我国货币政策目标目前包括经济增长、通货膨胀、充分就业、国际收支平衡等多重目标，在加速推进人民币国际化的背景下，今后应该向币值稳定的目标转换，因为物价稳定是经济正常运行的基本前提。

第二，货币政策的调控手段应该由总量调节向量价并重调节转换，逐步确立以利率水平为操作目标的货币政策体系。通过基准利率的调整来引导其他中长期利率联动，进而影响企业和家庭的借贷，影响投资与消费等实体经济活动。利率市场化程度对人民币国际化具有重要的基础性作用。人民币国际化需要一体化的金融市场以及完善发达的金融体系，而利率市场化是金融市场体系建设的关键和基础。目前在贷款利率实际上已经放开的情况下，存款利率放开已是大势所趋，这也是利率市场化的最后一步，到那时，资金供求关系将成为利率的决定因素，资金流动性提高，会增强货币在国际上的接受和认可程度。

第三，完善货币政策传导机制。在人民币国际化下，要统筹使用利率、汇率、资产价格等货币政策工具，影响经济领域的相关指标，综合作用于最终经济变量，提高中国货币政策传导机制效应。首先，央行应综合利用再贴现、公开市场业务和存款准备金率等工具，不断促进货币调控工具的市场化。建立以中央银行基准利率为基础，货币市场利率为中介，由市场供求决定金融机构存贷款利率水平的市场利率体系。其次，规范全国的金融市场。各种宏观经济政策和货币政策通过汇率、利率、信贷、非货币性资产价格等工具传递到金融市场和经济实体中去。再次，完善商业银行内部管理，消除货币政策在商业银行层面上的传导障碍。要逐步改善金融生态环境，逐渐形成社会整体的个人信用奖惩机制，增强货币政策传导效应。

第四，管控货币风险，提高央行管理货币的水平。要综合运用多种货币政策工具组合，保持适度流动性，实现货币信贷和社会融资规模的合理增长。继续根据国际收支和流动性供需形势，合理运用公开市场操作、存款准备金率、再贷款、再贴现、常备借贷便利、短期流动性调节等工具组合，管理和调节好银行体系流动性，加强与市场和公众的沟通，稳定预期，促进市场利率平稳运行。同时还要引导商业银行加强流动性和资产负债管理，做好各时点的流动性安排，合理安排资产负债总量和期限结构，提高流动性风险管理水平。也要加大市场供求决定汇率的力度，人民币要作为风险管理的货币，要提供足够的进行风险管理的工具、机制、手段，防范风险冲击才可能去管理风险，从而推进人民币国际化的进程。

## 二、建立人民币汇率风险管理机制

建立汇率风险管理机制可以从以下几个方面入手：

第一，央行需要对人民币汇率进行干预以稳定汇率预期。如果把 2015 年 8 月的人民币汇改作为压力测试，其引起国际金融市场恐慌的结果超出预料。央行通过动用外汇储备积极干预即期和远期汇率来稳定人民币汇率，措施及时，使市场意识到短期内人民币大幅贬值的基础并不存在，使得国际金融市场和周边货币趋于稳定。

第二，对人民币风险的预期管理很重要，要防止"羊群效应"和"踩踏事件"。人民币应该适度贬值，但要通过全球合作，防止人民币汇率贬值预期过高，陷入类似 1997 年东南亚金融危机的恶性循环。中国是大国，人民币贬值对全球的冲击很大，很难想象会出现不可控的大贬值，应该利用这点和美国及新兴国家达成协议，控制好全球人民币贬值预期。一方面要明确摒弃"用大幅贬值换取外需"的想法，承诺不会让人民币贬值太多；另一方面也要要求美联储配合中国央行做大规模的货币互换，以阻断做空人民币的势力，缓解资本外逃压力。在此保障下，人民币中间价的市场化进程可以继续推进。①

第三，应协调推进利率与汇率机制的市场化改革，加强外汇市场建设，应大力拓展市场参与者的类型和层次结构，切实拓宽市场深度和广度，进一步扩大人民币兑主要货币的浮动区间，还可适时推出外汇平准基金以增加平抑汇市价格波动的机制。

第四，继续培育离岸金融市场。由于资本账户没有完全开放，人民币在国际地位中的提升，有赖于人民币离岸市场的发展，为非居民提供人民币投资或筹集资金的功能。香港地区人民币离岸市场的发展，有助于形成一个完全市场化的人民币利率和汇率指标体系，可为国内的外汇市场调节提供参照，有助于降低远期和即期人民币的套汇风险。

---

① 对于人民币预期的管理，吸收了中国国际经济交流中心徐洪才教授的观点。

第五，要加强对跨境流动资本的监管。针对跨境资本外流风险，尤其是短期国际资本的投机套利风险，要采取相对措施。由于人民币汇率形成机制的市场化程度越来越高，汇率双向波动有利于抑制短期套利资金大量流入。可以加大资本流出的手续和成本，在短期内也许较为有效，同时考虑开征金融交易税，增加短期资本的进入成本，抑制短期资本的频繁流动。

第六，企业需要建立一套外汇风险管理机制。中国经济开放程度越来越高，人民币汇率波幅不断增大，这种汇率波动不仅取决于国内经济基本面，还取决于国际金融市场上人民币的供求关系。面对有升有贬的汇率行情，企业判断人民币汇率趋势的难度增大，要做好汇率双向波动的各种准备，企业应强化汇率风险管理意识，制定一套系统、有效的汇率风险管理策略。

第七，尽快推出人民币期货，管理外汇风险。人民币期货具有价格发现功能，即有发现人民币汇率的功能。2006 年芝加哥商品交易所（CME）首次推出人民币期货，当时国内就有人民币汇率定价权旁落的担心，但是由于芝加哥商品交易所的人民币期货的交易量小，根据 CME 统计，2012 年 4 月人民币兑美元期货未平仓合约只有 377 张（人民币对欧元、日元期货则根本没有头寸），与同期 CME 所有外汇期货未平仓合约共 136 万张相比，只是一个零头。至于成交量，2012 年 4 月 CME 人民币兑美元期货合约只成交了 72 张（人民币对欧元、日元合约也没有成交），这与同期 CME 所有外汇期货合约共 1520 万张的成交量根本无法相比。再就是人民币期货用美元交割，影响很小，以至于人民币期货的价格发现功能没有很好体现，反而更多地受到人民币现货的价格引导。而香港交易所2012 年 9 月 17 日推出了首只人民币期货，假以时日，香港交易所无论是在交投还是市场规模上要赶超 CME 都应该不是问题。未来，在建设上海国际金融中心的过程中，由于人民币期货的推出条件已经成熟，可以考虑在上海推出人民币期货合约，发挥人民币期货的价格发现功能。上海和香港金融中心将以巨额的人民币期货交易量为支撑，成为全球人民币期货交易中心，并左右全球人民币汇率的定价。由于是通过市场手段来决定人民币汇率的价格，因此就完全可以把人民币汇率的定价权牢牢掌握在手中。

### 三、基础货币投放方式的变化

随着人民币国际化，境外人民币对于我国基础货币的影响也会越来越大。我国的基础货币投放方式也需要适当地变化。

第一，外汇占款出现逐渐减少的趋势。国际金融危机后，由于我国扩大内需政策的实施，一些出口商转为开拓国内市场，经常项目带来的外汇可能逐年下降，导致央行外汇占款下降。随着人民币弹性增大，央行对人民币汇率市场的干预减少，希望充分发挥市场定价的作用。浮动汇率也具备自主调节机制。当国际收支顺差时，升值预期，出口商有动机将外汇换成人民币；逆差时，本币贬值，出口商有动机保留外汇。因此，即使由于成本下降而带来竞争优势导致收入增加，也不会增加央行的外汇占款。此外，资本项目下投资增加，外汇流出，净流入将大大减少，对于央行来说，由外汇储备带来的被动的基础货币投放量将大大减少。

第二，央行使用国债工具来调控基础货币应成为主要手段。与发达经济体相比，我国央行的资产配置结构有待改善。美国联邦储备银行 2013 年 5 月底公布的资产负债表中，证券持有占总资产的比重为 91.02%，在证券中美国国债占60.14%，也就是说，国债在总资产中的比重超过 50%。日本银行公布的 2013 年3 月 31 日的资产负债表中，其持有的日本政府证券资产的比重为 76.06%。我国央行持有的国债微乎其微，原因在于我国债券市场不发达。债券市场发展的前提是利率市场化，央行回购操作的利率成为市场判断流动性强弱的一个基本指标。在未来，随着利率市场化加强，债券市场将充分发挥价格发现机制，政府转变融资方式，以发行大量国债，从而为央行公开市场操作提供可能性。央行交易国债属于资产项下的操作，完善的债券市场中，买卖债券较为容易，央行使用国债工具来调控基础货币能够实现主动和灵活的目的，同时，也是一种成本较低的方式。

第三，关于基础货币投放方式的改变。首先，降低准备金率在目前使用较多，转变了基础货币的投放方式。过去央行通过提高准备金率来对冲外汇占款增加，现在当外汇占款保持平稳甚至开始下降时，降低准备金率就成了央行的反向对冲机制。央行通过 MLF 等创新工具补充基础货币的同时，降准提升货币乘数，均是为保持市场流动性相对稳定，防范通胀或通缩。但是，对于降准能否完全对冲外汇占款的减少则取决于外汇占款减少幅度和商业银行创造货币的能力，理论上这两方面形成对冲，可熨平基础货币的缺口，但在实际中会产生差异。其次，央行还需要通过公开市场操作，即以前通过外汇占款形式投放基础货币，现在由于外汇储备的增速放缓，更多通过在公开市场购买国债和其他的 SLO、SLF 等新型货币政策工具，向市场补充或吸收流动性，保持合理流动性，创造良好的货币金融环境，才能管理好货币，避免货币风险出现。最后，也有关于基础货币的发行与外汇储备脱钩的看法，比如日本的做法，由财政部发行短期债券购买外汇，由央行管理，虽然这在学术上可以探讨，但是要变成政策还需要漫长的过程。由于目前境外人民币对基础货币缺口的影响在增大，我国已经通过其他货币政策在弥补基础货币缺口。以 2015 年来看，我国新增基础货币需求如果按照 7% 的经济增速，我国 2015 年的 M2 增速为 12.5%，即在 2014 年 122.8 万亿元 M2 余额基础上再增加 15.35 万亿元。以我国 2014 年第四季度货币乘数 4.18 测算，我国新增基础货币规模为 3.7 万亿元人民币。按照 2014 年人民币跨境流出规模为 4000 亿元计算，2015 年需要新增货币规模为 4.1 万亿元。如果按照我国 2014 年的情况，通过外汇占款投放的基础货币约为 5000 亿元，通过 SLF、MLF、PSL 等方式主动投放的基础货币为 1.18 万亿元，因此，还需要全面通过降低存款准备金率，或者等量的公开市场操作，才能满足整个市场的基础货币需要。

# 第三章　人民币国际化进程中的国际收支失衡风险

人民币国际化意味着人民币的跨境流动，人民币的流出，是为满足国际交易的结算需求、投资的需求或其他国家将人民币作为储备货币的需求，这些需求都将导致人民币境外需求的增加，但如果人民币供给不变，则将引起国际收支失衡。就目前情形来看，人民币国际化既有利于缓解国际收支顺差，降低外汇储备额压力，同时也在一定程度上加大了国际收支调控的难度。随着人民币国际化进程推进，美元升值导致资本外流加速，跨境资金流动形式呈现多样化，资金交易性质也趋于复杂，给未来国际收支调控及相关管理工作带来一定的挑战。

## 第一节　中国国际收支结构分析

我国国际收支顺差虽然仍然是双顺差格局，但是资本项目顺差不断缩小甚至出现逆差，国际收支结构出现了新变化。

### 一、国际收支总顺差收窄

我国国际收支差额目前呈现三个特点。一是国际收支顺差缩小。如图 3-1 所示，我国的国际收支自 2004 年扩大到 1779 亿美元，2010 年达到最高点 5246 亿美元，而后下降到 2012 年的 1836 亿美元，2013 年又升至 5090 亿美元，2014 年为 1178 亿美元，2014 年国际收支顺差同比下降 75%，国际收支总顺差快速缩小的趋势非常明显。二是经常项目顺差有收窄之势。2008 年达到顶峰 4206 亿美元，以后开始缩小，2014 年为 2318 亿美元。三是资本和金融项目逆差开始扩大。1998 年出现 63 亿美元逆差，而后年份经常项目和资本金融项目双顺差的格局保持多年，2012 年出现了逆差 318 亿美元，而 2013 年顺差则急剧上升为 3262 亿美元，2014 年又出现逆差 960 亿美元。就目前情况而言，经常项目保持顺差，而资本和金融项目出现逆差，客观上可以看到我国国际收支开始趋于平衡，以双顺差为标志的外部失衡开始有所改善，但是也要认识到，这种资本和金融账户逆差，也是与人民币升值预期的削弱密切相关的。

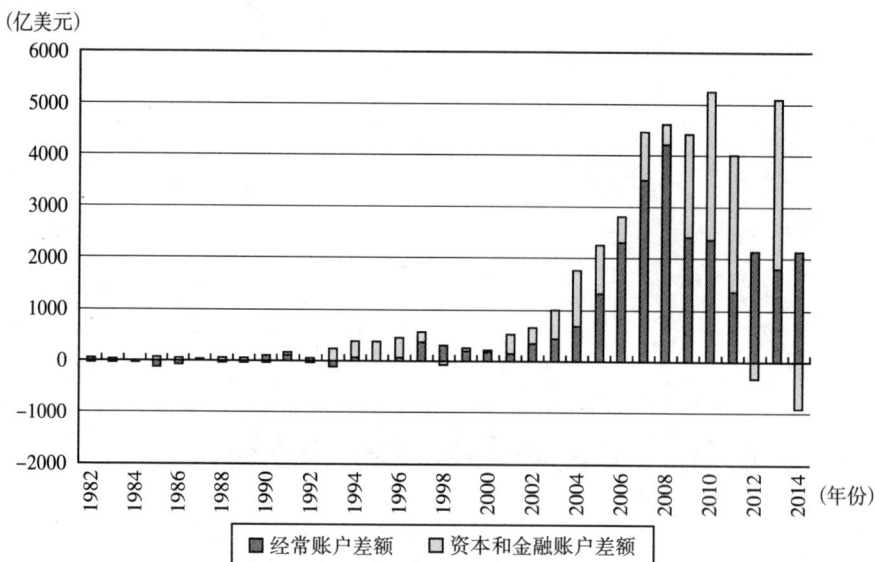

**图 3-1　1982~2014 年我国经常项目差额和资本项目差额**
资料来源：中国外汇管理局，2015 年 2 月 3 日。

## 二、经常项目结构

我国的经常项目顺差也呈现三个特点。一是经常项目差额占 GDP 的比例基本在正常区间，从 2008 年的 9.15%下降到 2013 年的 1.96%，而 2014 年经常项目顺差占 GDP 的比例为 2%，处于国际公认的合理区间。二是我国国际收支顺差主要来自经常项目顺差，如图 3-2 所示，而经常项目账户顺差全部来源于持续大额的货物贸易顺差，这源于长期 FDI 的超大规模流入导致的加工贸易带来的贸易顺差。三是 2014 年经常项目顺差迅速扩大。这是因为 2014 年国际贸易大为改善，12 月货物出口按年同比增加 9.7%，进口则下降 2.4%，货物贸易盈余的上升意味着净出口对经济增长做出了贡献。

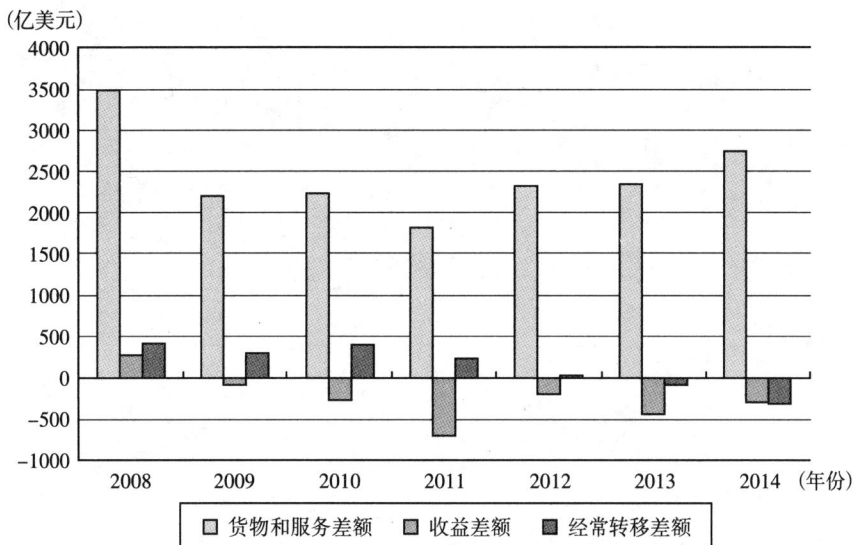

图 3-2　2008~2014 年我国国际收支表的经常项目构成

资料来源：国家外汇管理局，2015 年 2 月 3 日。

经常项目的顺差主要来自货物贸易顺差，服务贸易逆差则不断扩大。2014 年货物贸易顺差大幅上升，原因在于出口显著提升，而主要大宗进口商品中的进口量与进口价格都在下降。2014 年服务贸易出口额 1851 亿美元，同比下降 10%；进口额 3832 亿美元，增长 15.9%；逆差 1981 亿美元，扩大 59%。服务贸易逆差的不断增加也反映出我国的贸易结构不平衡，如图 3-3 所示，应当加速调整。

## 三、资本项目结构

2014 年资本和金融项目逆差，各季度波动很大，逆差扩大。第一、第二、第三、第四季度分别为 940 亿美元、-162 亿美元、-90 亿美元、-912 亿美元。如图 3-4 所示，如果仔细分析资本和金融结构，可以发现逆差是由"其他投资"

造成的。主要表现为直接投资扩大，证券投资没完全开放，其他投资项下的资金流动明显，误差和遗漏持续增大等特点。

（亿美元）

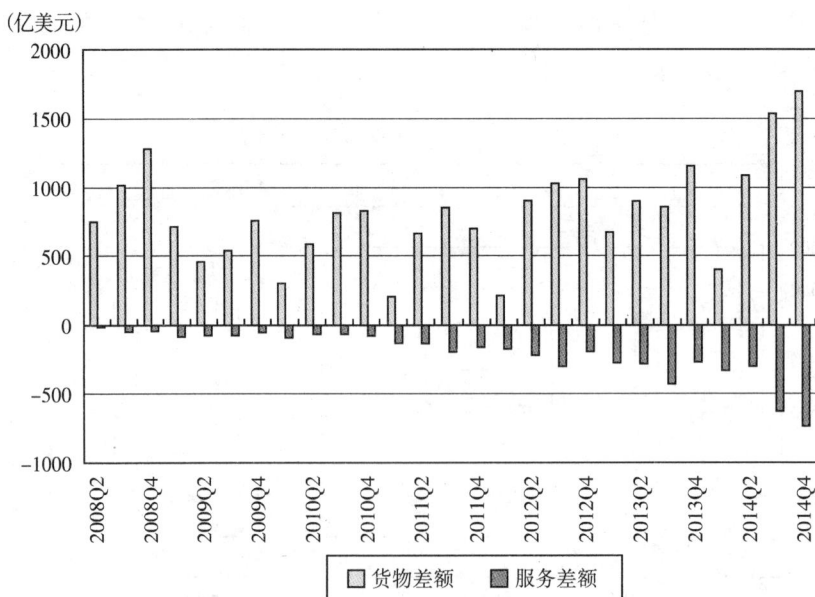

图3-3　货物贸易差额和服务贸易差额的对比

资料来源：国家外汇管理局，2015年2月3日。

（亿美元）

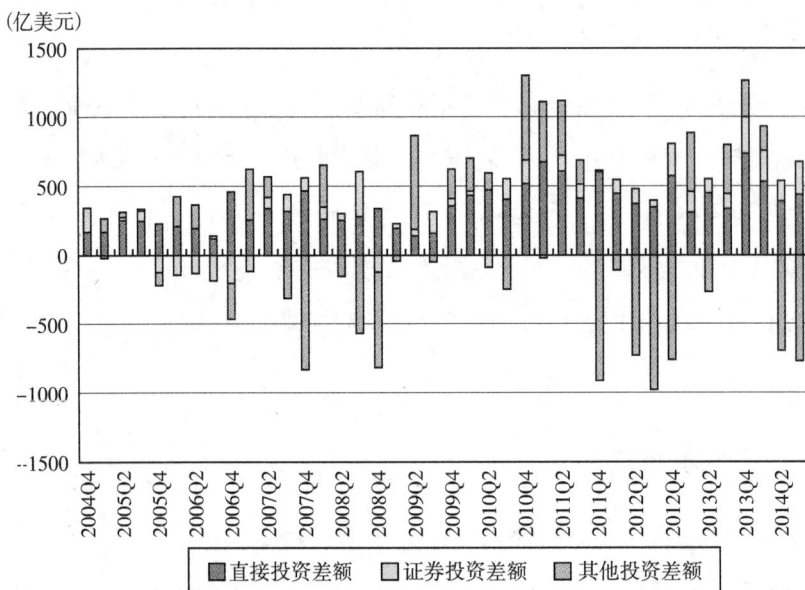

图3-4　2004年第四季度至2014年第三季度中国国际收支表的金融项目构成

资料来源：国家外汇管理局，2014年。

第一，直接投资净流入有较快增加。按国际收支统计口径，2014年，"直接投资"顺差流入1985亿美元，比上年的1850亿美元上升7%，我国已经成为外商直接投资的最大流入国。

第二，证券投资净流入较快增长。2014年前三个季度，"证券投资"项下净流入604亿美元，同比增长77%。其中，境外对我国证券投资净流入1056亿美元，同比上升67%；对外证券投资净流出452亿美元，同比增长55%。

第三，其他投资由净流入转为净流出，造成资本和金融逆差。2014年前三个季度，"其他投资"项下净流出1289亿美元，去年同期为净流入505亿美元。其中，我国对外的贷款、贸易信贷和资金存放等资产净流出2297亿美元，增长1.7倍；境外对我国的贷款、贸易信贷和资金存放等负债净流入1008亿美元，减少25%，由图3-4可以看到，资本和金融项目的逆差是由于"其他投资"的波动造成的，即"其他投资"的净流出导致了资本和金融项目为逆差。

# 第二节　人民币国际化给国际收支带来的风险

人民币国际化在促进国际收支平衡的同时，使得资金流动的形式更为复杂，流动更为自由，涉外人民币流动统计越发困难。而金融市场的开放，更易遭受国际游资的冲击，有可能带来更大的损失。由于人民币国际化意味着我国与国际经济社会联系更紧密，国际经济、金融变化更易传导到国内，影响调控政策的有效性，使得对经济内外均衡的调节变得更为不易。

## 一、我国国际收支的项目出现大幅波动

2014年各季度国际收支的子项目出现大幅变动。如图3-5所示，2014年第一季度，经常项目、资本和金融项目对国际收支总顺差的贡献率分别为7%和93%。其中，经常项目顺差70亿美元，资本和金融项目顺差940亿美元，储备

资产增加 1255 亿美元。第二季度，随着外需回暖，经常项目顺差升至 734 亿美元，环比增长 9.5 倍，而资本和金融项目则转为逆差 162 亿美元，从而推动国际收支趋向自主性平衡。当季，储备资产增加 224 亿美元，同比下降 52%，环比下降 82%。第三季度，我国经常项目顺差 722 亿美元，资本和金融项目逆差 90 亿美元，储备资产增加 1 亿美元。第四季度，我国经常项目顺差为 611 亿美元，资本和金融逆差为 912 亿美元，储备资产减少 300 亿美元，首次出现国际收支的季度逆差。从国际收支项目的大幅波动可以看出，2014 年全年的经常项目顺差第一季度很小，其后三个季度由于美国经济好转而带来中国外需好转，不过各季度还是呈现下降趋势，因此未来一年随着我国经济增长放缓，世界主要国家复苏步履蹒跚，对进出口也不能有过高期待。值得关注的是，资本和金融项目的逆差在第四季度急剧增大，资本流出规模已经超过了经常项目顺差。

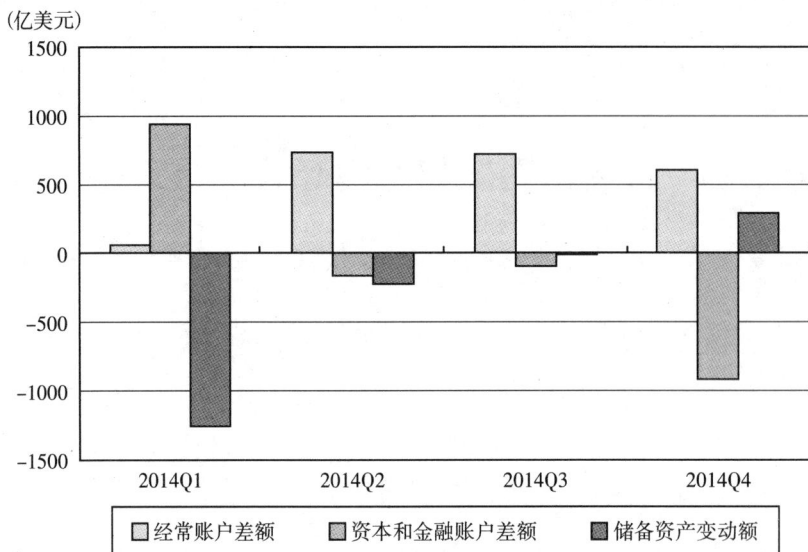

**图 3-5　2014 年国际收支平衡的季度数据**

资料来源：国家外汇管理局，2015 年 2 月 3 日。

## 二、经常项目失衡的风险

人民币国际化下经常项目逐渐转化为逆差的风险。人民币实现国际化后，其他国家的货币将会与人民币实行挂钩，各国为了发展国际贸易，会用人民币作为结算和储备货币，这样导致我国人民币不断流出会在境外储存下来，要求中国的贸易逆差；而作为国际货币的核心必须保持币值稳定和坚挺，这要求我国是一个贸易顺差国。这两个要求是互相矛盾的，即"特里芬难题"。"特里芬难题"指国际货币发行国维持币值稳定和承担国际清偿力义务之间的矛盾。目前，中国国际收支地位比较强势，多年的双顺差和大量的外汇储备使中国在为周边国家和地区提供人民币资产时并没有面临以上问题。但是，一旦人民币国际化，以上悖论就可能出现，一旦出现"特里芬难题"，再加上非居民对人民币的币值如果缺乏信心，人民币国际化就可能出现逆转。

**（一）货物贸易顺差过大影响了人民币进口结算**

中国对外贸易总量巨大，顺差较大，近年有缩小趋势。对外贸易以货物贸易为主，服务贸易相对落后，经人民币结算的跨境贸易也多为货物贸易。2010~2012 年货物贸易结算额的比重分别为 86.5%、74.6%、70.1%。不过，随着跨境贸易人民币结算的增长，货物贸易结算额所占比重下降，2013 年货物贸易占比为 65.2%（见表 3-1），服务贸易所占比重提高较快。

表 3-1　我国跨境贸易人民币结算情况

单位：万亿元，%

| 年份 | 2010 | 2011 | 2012 | 2013 |
|---|---|---|---|---|
| 货物贸易额 | 0.438 | 1.56 | 2.06 | 3.02 |
| 人民币结算总额 | 0.506 | 2.09 | 2.94 | 4.63 |
| 货物贸易占比 | 86.5 | 74.6 | 70.1 | 65.2 |

资料来源：中国人民银行网站各年金融统计数据报告。

在我国货物贸易中，加工贸易品约占进出口总额的 50% 左右。而使用人民币进行贸易结算的，主要是进口贸易，其中大宗商品占进口总额的近 40%。由于中国出口市场主要在欧美，这些国家基本以美元或欧元计算，进口则主要集中在周边国家，这些国家与中国的贸易关系密切，加上人民币一直有升值预期，因此愿意以人民币结算。不过，我国的出口远远大于进口，巨大的顺差不会帮助人民币成为国际储备货币，而境外人民币存量太小，储备货币无从谈起。

在我国进出口贸易人民币结算金额中，进口结算多于出口结算。在人民币结算额中 80% 为进口贸易结算，以我国 2011 年第一季度人民币货物贸易出口与进口结算额为例，两者分别为 202 亿元与 2854 亿元，相差悬殊。这一方面是人民币资本项目还没有完全放开，境外获得人民币的途径还十分有限，限制了境外企业用人民币的支付；另一方面，人民币仍然存在着升值的预期，境外企业获得人民币后愿意持有人民币。因此，促进人民币跨境贸易结算进出口的平衡，才能让境外有更多获得人民币的途径。

**（二）服务贸易项下的资金外流风险**

服务贸易逆差不断扩大。实行人民币国际化，在理论上看，贸易计价和结算更多使用人民币进行，可以有效避免外汇风险和汇兑风险，节省为躲避外汇风险而进行套期保值的成本，大大促进贸易的发展。我国国际收支顺差主要源于经常项目顺差，经常项目顺差主要来自货物贸易，而服务贸易逆差则不断扩大。2014年出口额为 1851 亿美元，同比下降 10%；进口额为 3832 亿美元，增长 15.9%；逆差为 1981 亿美元，扩大 59%。这种不断增加的服务贸易逆差反映出我国贸易结构的不平衡。

服务贸易项下人民币流出的虚假性分析。随着中国的房地产泡沫趋于结束，通过影子银行快速赚钱已经行不通，加上 GDP 增速下降减弱了人民币升值的预期，因此，投资者开始在海外寻求资金安全高的项目。2014 年的服务贸易逆差比 2013 年高出 59.1%，2014 年第四季度的服务贸易逆差比 2013 年同期高出170%。服务贸易项下的资金外流方式多样，有的投资者为某种商品多付款，虚开发票金额将资金转移出境外，多出来的资金投资于伦敦、悉尼或纽约的房地产或者股票；有的干脆为一项从未发生的服务付款，因此服务贸易付款也成为新的资金转移出境的方式。这类服务产生的资金外流的规模很大，2014 年有将近40% 的较大型服务贸易实际上没有发生服务，近 2000 亿美元外流，该数字在2015 年可能翻倍。如果中国的货币供应中有 3000 亿~4000 亿美元在 2015 年流出境外，那将对全球宏观经济产生巨大影响，受影响的包括人民币价值、中国国内货币供应量和中国刺激经济的能力。

服务贸易项下常用的渠道有以下几种。一是留学项目，一半以上的留学中介机构有地下钱庄的第二身份。二是银行间借贷，放款人会向有需求的银行提供更快速更廉价的转账服务，方法就是将需求与希望将资金（通常超过 1 亿元人民币）转移出境的中国国内客户匹配起来。三是国内公司的海外分支机构，自中国政府开始鼓励国内企业"走出去"以来，中国企业在海外成立了数百万家子公司，现在这些机构被用来转移资金。四是虚假的合资企业，许多国内企业与他们的海外子公司成立了合资企业，这些企业的合资方将利润留作海外投资。

### 三、资本项目失衡的风险

从资本项目来看，用人民币计价和结算会推动我国企业在海外直接投资和跨国并购，必然使资本项目向逆差转化。实际上，随着人民币国际化进程，我国国际收支顺差已经下降甚至向逆差转化。目前资本项目逆差扩大，短期资本流动风险不断增大。

#### （一）资本项目结构失衡的风险

1. 证券投资项下的资金流入不断增加，我国股市风险和跨境短期资本流动监管的难度增大

就我国对外证券投资来看，2014 年为净流出。第一、第二季度净流入，第三季度净流出，前三个季度累计净流出 13 亿美元，上年同期净流出 56 亿美元。从投资种类看，我国对境外股本为减持，净回流 19 亿美元，上年净流出 28 亿美元；对债券投资是增持，对外债务证券投资净流出 31 亿美元，上年净流出 28 亿美元。

就境外对我国证券投资来看，2014 年为净流入。2014 年前三个季度，境外对我国证券投资净流入 617 亿美元，同比增长 56%。包括股本证券投资 306 亿美元，债务证券投资 311 亿美元，较上年分别增长 94% 和 30%。从种类来看，证券投资偏向长期，表现为境外增加投资境内股本证券和中长期债务证券，而减持短期债务证券。境外投资境内股本证券净流入体现了 QFII 的流向，QFII 在 2012 年以来呈现明显放量，目前共获批准额度为 640.61 亿美元，2014 年急剧增长。外国证券投资的进入额度大幅增加，不断净流入，这与 2014 年我国股市大幅上升

的趋势是一致的，这部分资金可随时撤出，增加了跨境资本流动的风险和监管难度。

2."其他投资"项下的短期资产净流出比重过大

"其他投资"的资产净流出占资本金融账户绝对比重高。2014年前三季度，该项下的资本流入和流出分别占资本和金融项下资金流入和流出的78%和88%。"其他投资"项下的顺差和逆差转化频繁剧烈。前三个季度，"其他投资"项下净流出1189亿美元，其中，资产净流出2297亿美元，负债净流入1108亿美元。而流出性资金多为短期性资金，包括货币存款流出1318亿美元，高于贸易信贷和贷款总和，说明境内机构投资较稳健，增加了以货币和存款方式的对外资产配置。但这部分资金很大地影响了资本和金融账户的逆差，说明短期资本流出比较活跃。

"其他投资"变动剧烈。2014年第一季度，"证券投资"和"其他投资"等非直接投资的资本流动顺差为402亿美元，相当于经常项目与直接投资合计的国际收支交易顺差的66%。第二季度，非直接投资形式的资本流动转为逆差549亿美元，金额数相当于经常项目与直接投资合计的国际收支顺差的49%，当季资本和金融项目转为逆差。第三季度，"其他投资"一项的逆差就为772亿美元，比经常项目顺差722亿美元还要大，当季资本和金融项目则逆差-90亿美元。

"其他投资"项下的对外负债在减少。前三个季度，境外对我国其他投资项下资本净流入（即我国对外负债净增加）1008亿美元，同比减少25%。其中，我国吸收的货币和存款类资金增加824亿美元，同比增长51%；境外贷款增加为193亿美元，同比大幅减少；境外贸易信贷增加353亿美元，同比减少23%。可见虽然境内本外币资金利率高于境外，境内向境外举债热情较高，但境外对人民币资产需求是在下降，因而以"其他投资"形式流入的资金尤其是短期贸易信贷、短期贷款下降较快。

3.净误差与遗漏的不断增加反映出我国隐性资金外流增多

国际收支平衡表中的净误差与遗漏在不断增加，如图3-6所示。我国国际收支平衡表中用以保持收支平衡的净误差与遗漏项目自2010年以来已累计达到

–3000 亿美元以上，而 2014 年第三季度更是创下–630 亿美元的纪录。这种隐性资金外流有进一步加速的趋势，这类资金外流难以用监管手段加以控制，可能会影响到金融稳定。

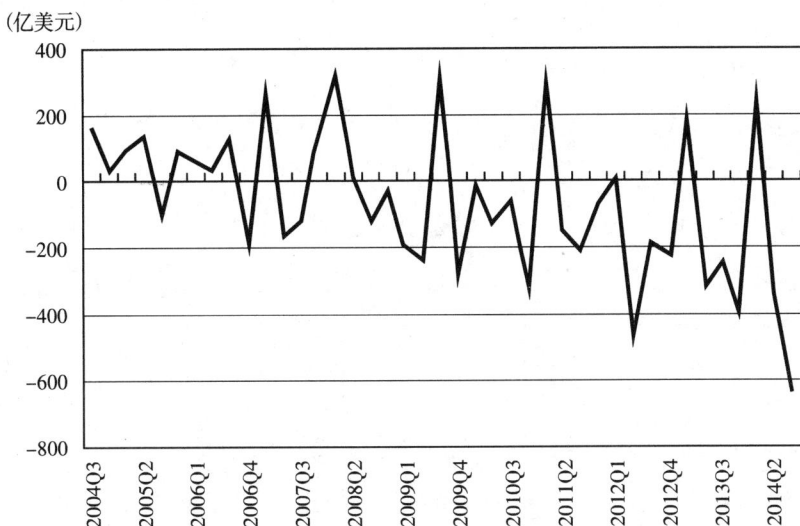

**图 3–6　2004 年第三季度至 2014 年第三季度国际收支平衡中的净误差与遗漏季度趋势**
资料来源：国家外汇管理局，2014 年。

### （二）资本项目开放可能导致资本大规模进出，跨境资金监测难度大

中国长期以来面对的主要问题是资本流入，热钱流入会对中国经济稳定造成不好的影响。但是在资本管制的体制环境之下，它的消极作用是可以控制的，所以最大的危险还是资本外流。例如，中国的居民储蓄存款可能是 40 多万亿，如果人民币贬值，居民可能资产多元化，把手中储蓄的 10%、20% 或者 30% 转化为外币。由于中国居民的储蓄存款数额巨大，这种非常合理的对市场的反应可能就造成上万亿美元的资本外流。一旦这种情况发生，它将对人民币汇率造成冲击，如果人民币急剧贬值，反过来又会造成资本的大量外流。2015 年的资本外流的可能性比较大。中国的经济增长指标是 7% 左右甚至低于 7%，央行肯定会进一步执行宽松的货币政策。中国的债务情况虽然有些好转，但是企业债务问题严重。在过去几年，由于套汇套利积累了很多热钱，一旦形势变化，热钱可能增加外流压力。目前，人民币单向升值的预期已经打破，一旦市场变化，可能会加速资本

外流。此外，国际条件比如美元升值，也会加大资本外流，加大对人民币贬值的压力。

随着人民币资本账户管制的逐步放开，人民币遭受投机性冲击的可能性会随之增加，资本外逃的风险也会增加。资本外逃是指一国居民对本币币值稳定失去信心，将本币资产向境外转移的行为。人民币跨境流通规模将随着人民币国际化进程不断扩大，资本外逃的风险不断增加。资本外逃在一定程度上将削弱当局事实宏观经济政策的效果，扰乱正常的金融秩序，资本的大规模外逃甚至会引发货币金融危机，造成社会动荡。现阶段的经济转型和人民币国际化的战略需要中国资本的输出和国内资本市场的有限开放。尽管美国利率可能会在量化宽松货币政策退出过程中上升，但目前中国内地的利率仍然比美国和香港等地区要高，当境内资本收益率扣除交易成本后仍比境外高的情况下，资本账户的全面开放无疑会导致热钱的大规模流入，推高资产泡沫并引发泡沫的崩溃。

国内经济金融运行的不稳定性也会由于资金外流而风险加大。人民币国际化意味着中国资本账户必将全面开放，对于会削弱本国经济金融体系稳定的短期投机资本大进大出不能完全控制其影响，金融市场价格的大幅波动，将对中国金融机构的持续经营形成挑战。而且人民币国际化可能会吸引大规模的境外资本流入，在有效金融监管不足的情况下，信用过分膨胀，风险不断累积。一旦良好的经济形势发生逆转，大规模的资本流出必然造成泡沫破裂，造成对实体经济的巨大冲击。尽管现阶段人民币在境外流通的规模较小，上述风险对我国经济影响有限，但是这些风险值得密切关注。

## 四、外汇储备失衡的风险

### （一）外汇储备规模过大带来的风险

外汇占款过大导致我国被动性基础货币投放，从而引起通货膨胀。在双顺差的共同作用下，我国积累了巨额的外汇储备，巨额外汇储备造成了大量的外汇占款，成为我国近年来基础货币过量投放的一个重要因素，在国内投资容量有限的情况下，通货膨胀压力越来越大。

外汇储备规模大收益低的风险。我国的外汇储备多以低风险低收益的国债形式持有，资金使用效率低下。至 2014 年 9 月末，我国累计新增外汇储备来自经常项目顺差 1537 亿美元和资本金融项目顺差 687 亿美元，包括来源于"证券投资"负债 614 亿美元，从理论上讲，如果一国金融项下储备的增长来源于资产类项目，则后期调整的主动性较大，但如果主要来自负债类储备，则后期调整的难度较大。而来自证券投资的这部分外汇储备增长，由于随时可以变现，显然风险很大。过高的外汇储备规模仍然意味着明显风险。分析我国对外金融资产结构，2014 年 9 月末，对外直接投资为 6648 亿美元，证券投资为 2593 亿美元，其他投资为 14179 亿美元，储备资产为 39459 亿美元，分别占对外金融资产的 11%、4%、23% 和 63%。储备资产规模仍然过大，而由于贸易顺差和外汇储备的并存增加，意味着大量的富余外汇储备存在，而我国外汇储备的投资收益太低，也是不争的事实。

## （二）外汇储备不断下降带来的汇率风险

中国汇率制度进行了进一步改革，从 2015 年 8 月 11 日起完善人民币汇率中间价报价，中间价将参考上日银行间外汇市场收盘汇率。汇改实行以来，在岸人民币汇率贬值 2%，汇率波幅较大，如图 3-7 所示。此后央行也表示人民币长期贬值的基础不存在。不过，在 2015 年 9 月 7 日央行公布的中国外汇储备余额为 3.56 万亿美元，与 7 月底的 3.65 万亿美元相比，减少了 939 亿美元，是历史上最高的单月跌幅。但是分析外汇储备下降的真正原因，可以发现实际下降的数额可能更大。8 月是人民币中间价报价机制改革的启动月，在人民币突然下跌的刺激下，购汇激增导致外储下滑可以理解，我国外汇储备总量也可以承受这种冲击。其实，在过去 14 个月中，中国外汇储备余额从 2014 年 6 月最高点时的接近 4 万亿美元下降到 2015 年 8 月的 3.56 万亿美元，减少了大约 4400 亿美元，如图 3-8 所示，只是 8 月的表现尤为突出。但是，如果不能消除导致 8 月储备骤降的源头，外储很可能继续大幅下滑，而这将对目前趋于稳定的人民币汇率形成挑战。境内外高额汇差是外汇储备下降的重要原因。8 月 11 日之后，境内外汇差急剧扩大，8 月 12 日就超过了 600 基点，后来达到 900 点，今天公布外储数据后超过了 1100 点。面对境外结汇如此丰厚的收益,企业境外结汇的动力很难降低,而购汇则在境内,再大的外贸顺差都不可能转化为境内的结售汇顺差,外汇储备的下滑压力也无法缓解。在目前的法律框架下,这种跨境结售汇只要有真实贸易背景是无法进行约束的。换句话说,要么采取新政策严厉约束企业境外结汇,要么想办法压制住境外的贬值预期,否则外汇储备很可能继续大幅下滑。而且进口企业境内购汇后直接支付进口成本,这种外储下滑根本不是藏汇于民。

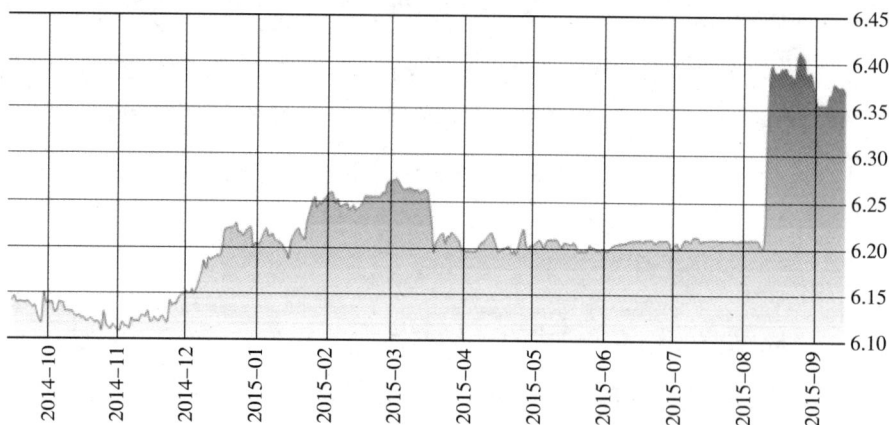

**图 3-7 人民币汇率 2014 年 9 月至 2015 年 9 月的变化**

资料来源:CEIC。

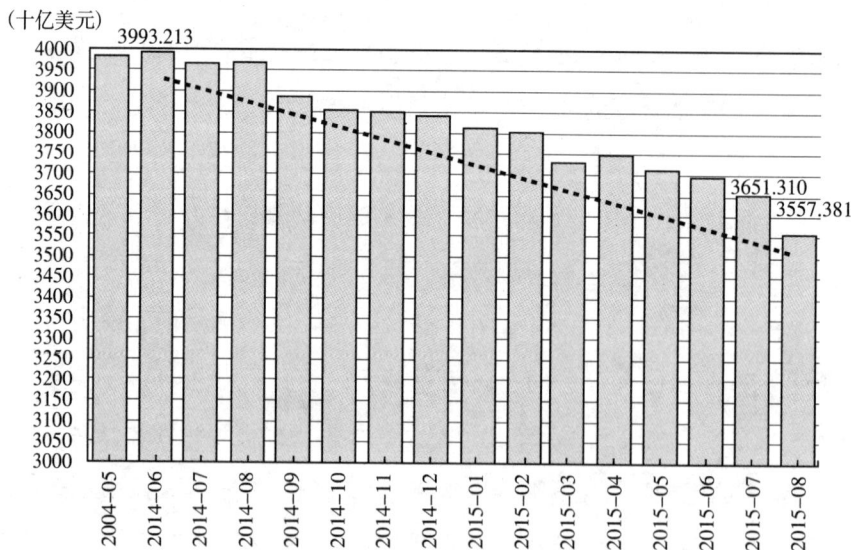

**图 3-8 中国外汇储备的下降趋势**

资料来源:CEIC。

　　境内居民偏高的人民币贬值预期是外汇储备下滑的另一重要原因。目前境内人民币和美元的理财收益率有 3%~3.5% 的利差，由于预期人民币贬值幅度会超过利差，境内外汇存款才大幅上升。要想降低这种预期，人民币的年度贬值幅度必须控制在 3.5% 以下，否则居民购汇可能一哄而上，导致外汇储备急剧下滑。虽然居民增加外汇资产属于藏汇于民的范畴，但短期内如果外汇储备下滑过快则会极大地增加人民币贬值压力。那时要么禁止居民购汇，要么允许人民币大幅度贬值，没有第三条路可以走。从控制居民恐慌的角度来看，人民币年内的贬值空间已经很有限。如果央行成功避免了贬值预期失控，居民很可能最终将手中的外汇出售，从而回补外汇储备。

　　总体来看，弥漫市场的人民币贬值预期是外汇储备大幅下滑的核心原因，能否成功抑制贬值预期是外汇储备是否将继续大幅下跌的关键。另一个选项则是采取更多的措施鼓励境内结汇，抑制境内购汇。目前来看，两个选项的实施难度都不小。

　　可见，汇率政策并不能起到调整国际收支的预期效果，反而还可能引发资金的大规模跨境流动，外汇市场交易量放大，将对人民币汇率施加大幅偏离的压力，从而增加国家货币当局稳定汇率的难度。由于人民币走向国际化，其他国家可能会将本国货币盯住人民币，其币值会随着人民币的调整而发生相同的调整，致使我国通过汇率政策来调整国际收支平衡态势将不能取得预期效果。

# 第三节　防范国际收支失衡的风险

　　人民币国际化要求币值稳定，某种程度上将会制约我国运用汇率政策调节国际收支的能力。因此，注重国际收支结构的调整，注重跨境资本流动的监管，以及注重国际金融合作尤为重要。

## 一、调整经常项目结构以促进人民币国际化

利用"一带一路"战略，促进货物贸易结构升级。推动中国与"一带一路"周边国家的本币互换协议签订，扩大货币互换范围，鼓励对方以人民币结算。"一带一路"的沿线国家都需要进行基础设施建设，我国对这些周边国家进行大量投资的同时，可以扩大重型机械设备出口，扩大人民币出口结算贸易。中国目前的出口市场对亚洲、欧洲和北美洲的依赖性较强，所占比重约为90%左右，一旦这些地区经济政策发生变动、金融环境发生变化，将会对中国经济发展产生很大冲击，因此中国需要继续推进出口商品市场多元化，亚洲、北美洲的比例可以适当减小，非洲、欧洲和拉丁美洲的比例可以增加。要继续促进出口结构升级，我国出口产品主要是劳动密集型的产品，长期以来的"外需驱动型"的对外贸易使得中国贸易结构处于较低层次，下一步要转变为"内需驱动型"对外贸易，应加快外贸结构的转型升级，提升外贸竞争力。

促进服务贸易发展，优化服务贸易结构。受2015年全球经济温和增长及商品价格探底影响，货物贸易顺差仍将对我国国际收支顺差做出贡献。鉴于我国对外贸易正处于增速换挡期和结构转型期，制造业比较优势削弱，服务业亟待发展。必须大力发展服务贸易，推动我国进入全球产业链的高端，才能向贸易强国转变。要优化贸易结构，提升高技术、高附加值服务贸易占比，加强对服务出口领域的指导。要以开放促发展，支持服务业企业通过新设、并购等方式到境外开展投资合作。

## 二、资本项目开放促进人民币国际化

资本账户开放与人民币国际化平行进行。原则上，实行人民币资本项目下的可兑换，同时对资本市场的开放仍须进行有效管理。前者可扫除资本流出的障碍，让有能力在海外实现高效率资源配置的企业和金融机构更自由地实现全球化的投资和经营；后者可以控制热钱的流入及其退出对金融和汇率稳定的负面影响。

根据金融深化进程有序开放。由于我国加快资本市场开放的条件基本成熟，

应放松对真实交易背景的外商直接投资管制，放松有真实贸易背景的商业信贷管制，长期内依次审慎开放不动产、股票及债券交易，逐步以价格型管理替代数量型管理。

优化资本账户结构促进人民币国际化，发挥"一带一路"和亚投行推动人民币国际化的作用。"一带一路"是我国对外投资的国家战略，而即将成立的亚投行客观上将成为一个世界性的国际型金融机构，即成为"一带一路"的执行机构。要充分发挥两者作用，扩大对外直接投资和利用人民币直接投资，持续增加输出资本。建议未来继续扩大对能源、资源类产业的对外直接投资，对周边国家增加以人民币为主而进行的跨境贸易结算和境外投资，通过资本和金融项目逆差来推动我国国际收支平衡，奠定人民币成为国际储备货币的坚实基础。

在推进资本账户开放的同时需要注意：国际组织和国际社会对资本项目可兑换没有清晰的标准和要求；IMF对资本管制的看法日益显现包容性，资本项目开放并不排斥在特定情况下临时重新采用这些管制措施。

### 三、优化外汇储备规模与结构

确保外汇流动性安全，有效管理外汇储备。一是把流动性与收益性原则相结合，寻求流动性与收益性之间的平衡点。我国外汇储备充足，可以从容应对资本外逃的冲击。建议动态界定外汇储备规模，并进而确定富余储备规模。将适度储备和富余储备分别管理，对于最优规模类的外汇储备，以流动性为管理目标；对于超过最优规模之外的外汇储备，建立积极的管理模式，通过专业投资公司进行运作以追求收益率。二是提高外汇储备投资。三是妥善安排外汇储备的资产结构。根据国际外汇市场上主要国际货币汇率变化的变动趋势，借美元升值之机，前瞻性地优化外汇储备的币种结构。四是继续推进外汇管理改革。我国国际收支不平衡状况已有显著改善，但体制机制问题并未完全解决，深化外汇管理改革要制订改革总体方案，结合国际收支形势逐步重点推进。

## 四、跨境短期资本流动的双向监管

短期国际资本通过相关渠道已经进入我国的证券和房地产等领域进行投机套利，潜在风险不可小视，应未雨绸缪，采取应对措施。未来由于全球量化宽松政策依然存在，人民币作为相对高息货币，国际资本仍会不断进入我国套利交易，而美联储可能于2015年9月后的加息预期也会引起全球资本流动的大幅震荡，短期资本可能还会加速外流，境内企业也将面临债务去美元化压力。同时，地缘政治冲突等突发事件也将给我国跨境资本流动带来较大不确定性。在经常项目趋向基本平衡、人民币汇率接近合理均衡水平的背景下，跨境资本流动的波动性增强，尤其是2014年第四季度，资本和金融项目逆差远大于经常项目顺差，而"其他投资"已成为资本和金融账户的重要决定因素，"其他投资"的短期资金非常活跃，因此要格外关注短期资本流动的风险。在2015年，全球流动性过剩，美国加息预期，我国利率较高及各项改革带来股票市场上扬，都可能导致跨期短期资本流出和流入加剧，增加监管难度。因此，应继续完善国际收支和跨境资本流动风险监测预警指标体系，健全外债和跨境资金流动管理体系，从而增强国际收支自主平衡的能力，以形成国际收支平衡的长效机制。此外，考虑开征金融交易税，增加短期资本的进入成本，抑制短期资本的频繁流动。

## 五、通过两个优化调整国际收支平衡

首先，观察中国的经常账户项目可以发现，相对于货物贸易，中国服务贸易发展是滞后的，而大力发展服务贸易，既可以扭转贸易账户的落后状态，又可以减轻中国货物贸易的过度顺差。服务贸易的变动对资本金融账户的变化也有直接影响，其发展会降低资本账户的顺差幅度，因此大力落实发展服务贸易，可帮助实现国际收支平衡。其次，观察中国的资本和金融账户可以发现，我国FDI的净流入因俄罗斯的地缘政治风险，可能还要不断增加。因此，要适当控制FDI的流量及流向，对大量低技术含量、低附加值、高污染的资金流入要严格控制，鼓励技术先进、附加值高、有助于提升我国产业结构的资金进入。继续加快人民币国际化进程，保持资本和金融账户的逆差，同时要注重风险防范，实现良性循环，保证国际收支的均衡发展。

## 六、加强国际金融监管合作

在人民币国际化过程中，我国金融市场不断融入国际金融市场。中国需要在全球化过程中更多地了解世界的需求和相互之间的需求，同时也需要和更多的国家合作来应对一些问题。比如全球面临的不是一个所谓储备过多的问题，而是金融市场无法有效利用这些储蓄的问题。中国的储蓄可以用更好的方式进行全球化的利用。

建立跨境金融风险预警机制。加强跨境金融机构系统性风险和流动性风险的监管，改善会计标准，建立新的信用评级体系。设立与其他国家监管部门的协调机构，负责对境外人民币流通所在国的经济状况进行分析，并与其监管部门进行信息交流与合作，加强对跨境资本流动的监管，以抵御金融危机。加强与各国金融监管部门的协调与合作，在尊重双方国家主权的情况下，与各国金融监管部门合作建立金融监管信息共享机制，加强信息反馈，针对重大事项及时进行沟通并予以解决。中国应与各国金融监管部门联手，及时披露金融风险信息，以保证全球金融体系稳定。注重对人民币的金融监管手段与金融监管方式的改革，提高金融监管效率。要注重培养国际化的金融监管人才，改革金融监管手段与金融监管方式，实现对境内和境外人民币的全方位监管，防范可能出现的系统性金融危机。

# 第四章　中国的外汇流动性安全分析及韩国、印度经验对中国的启示

　　中国近期的汇率、股指及利率波动都比较明显，如果与韩国和印度相比，会发现中国这三者之间的关系与韩国和印度并不相同，原因在于我国对资本仍有一定程度的管制，不如韩国和印度的资本市场对外资的开放程度高，因而韩国和印度三者之间的联动关系更为密切。人民币汇率过去长期呈现出对内贬值和对外升值的态势，2015年汇改之后，人民币呈现对外贬值预期、股市不振、利率走低的态势，也表现出了三者符合一般性规律的特点。韩国和印度作为新兴经济体国家，因为所处经济阶段不同，其外汇流动性安全的特点不同，对于外汇的流动性管理也呈现不同的模式和特点。分析这些模式，借鉴各国的外汇安全性管理经验，对中国来说具有重要的意义。2015年汇改之后，中国汇率对外长期升值的周期结束，双向波动加剧，因此通过降准降息来不断释放流动性，降低企业融资成本，期望通过对经济转型、建设多层次的资本市场等改革措施来促进未来经济的可持续发展。通过对中国外汇流动性指标的分析发现，中国外汇流动性安全没有问题，但需要控制外汇储备快速下降的趋势，并要完善相应的外汇风险管理机制。

# 第一节　中国的外汇流动性安全分析

对于中国的外汇流动性安全分析，首先分析了汇率、股市和利率的关系，发现其一般规律性，并通过计算其外汇流动性来判断中国的外汇流动性安全及风险性。虽然中国的外汇流动性安全性相对较高，但完善的外汇风险管理机制依然是非常必要的。

## 一、中国的汇率、股指与利率

### （一）汇率

中国人民银行于 2015 年 8 月 11 日完善了人民币兑美元汇率中间价报价机制，即做市商在每日银行间外汇市场开盘前，参考上日银行间外汇市场收盘汇率，综合考虑外汇供求情况以及国际主要货币汇率变化向中国外汇交易中心提供中间价报价。这意味着中国汇率制度将更具灵活性。自 8 月 11 日开始，人民币连续三天累计贬值 4%（如图 4-1 所示），引发了国际金融市场的恐慌。此后央行通过对人民币即期汇率的干预，使得人民币汇率基本保持稳定。

我国外汇体制改革开始于 1994 年，统一规范的外汇市场建立，汇率当时在 8.3 上下。2005 年人民币汇率形成机制改革，建立有管理的浮动汇率制，人民币开始了长达 10 年的升值，2014 年 1 月最高到 6.0556（如图 4-2 所示），2005 年 6 月至 2015 年 5 月这 10 年间，人民币兑美元升值了 26%。随着 2014 年 3 月人民币兑美元汇率的日波动幅度扩大至目前的正负 2%，人民币汇率开始出现反复波动（如图 4-1 所示）。2014 年全年贬值 2.5%，人民币兑美元汇率为 6.14。2015 年仍然反复波动，1 月跌至 6.26，6 月跌至 6.11，上半年微升，8 月 11 日汇改后汇率贬值幅度最大达 4%，9 月稳定在 6.37 左右。虽然市场对人民币贬值预期依然强烈，但政府已明确表示人民币不存在长期贬值的基础，因此预计至 2015 年底汇率应该基本稳定。

## （二）股指

2014 年中国沪指全年上涨 1118.7 点，3235 点报收，涨幅为 52.87%。2015 中国股市如同乘坐了过山车，开始一路拉升，至 6 月 12 日达到最高点 5178.19，而后开始暴跌至 2885，至 9 月 26 日继续盘整到 3092，如图 4-1 所示。中国股市自 2014 年 6 月至 2015 年 6 月的暴涨是各项改革政策预期和大量资金进入推动的，而 2015 年 6 月进入暴跌，则是由资金暴涨带来的资金离场，做空机制被不断放大，虽然政府救市措施接连出现，但是股民信心丧失导致暴跌。

（a）2014~2015 年上证综合指数与人民币汇率的关系

（b）2010~2015 年上证综合指数与人民币汇率的关系

**图 4-1　上证综合指数与人民币汇率的关系**

## （三）利率

中国人民银行在 2015 年 8 月 25 日将一年期贷款基准利率降到 4.6%，同时也降低了银行存款准备金率。1996~2015 年中国利率平均为 6.36%，1996 年 6 月最高为 10.98%，目前是最低点，这已经是 2014 年底以来央行的第五次降息了。最近一轮降息周期始于 2014 年 11 月 22 日，之后在 2015 年的 3 月 1 日、5 月 11 日和 6 月 28 日均出现了每次 0.25 个百分点的降息，包括最近一次降息，此轮降息前后共出现了五次，累计降息 1.4 个百分点（如图 4-2 所示）。同时央行也六次降低银行存款准备金率，不断释放流动性。

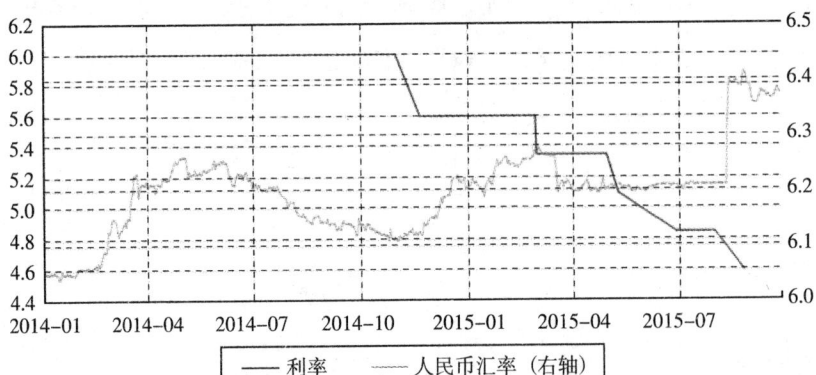

（a）2014~2015 年利率与人民币汇率的关系

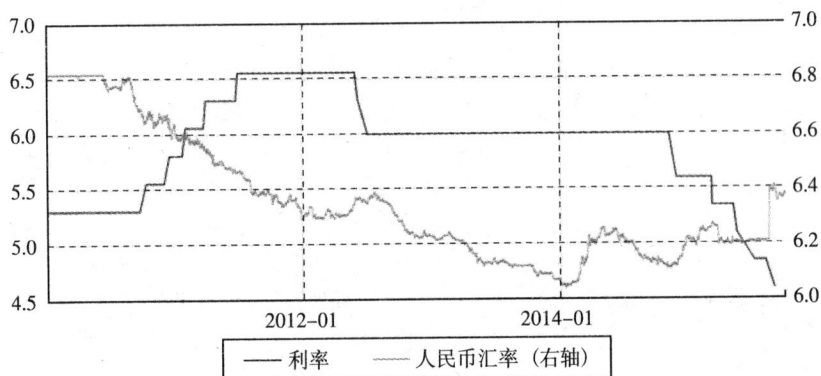

（b）2010~2015 年利率与人民币汇率的关系

图 4-2　利率与人民币汇率的关系

**（四）汇率、股指和利率三者的关系**

就中国人民币汇率与股指的关系来看，2015 年下半年，中国股指暴跌，汇率自汇改后出现 4% 的贬值，随即在央行干预下企稳。不仅中国股市，甚至世界股市都因人民币汇率的贬值而大幅震荡，这由图 4-1 可以看出。如果从中国近 5

年的情况来看，2010~2014 年，汇率与股指似乎关联不大，一般来说，汇率与股指是正相关的关系，升值则股指上升，贬值则股指下降，这在前面章节关于韩国和印度的论述中都有提到，这两个国家都符合这一基本规律。但这一关系并没有在此前的中国体现出来。但是 2015 年以后，随着人民币汇率开始反复波动，股指开始有联动反应，2015 年 3 月之前，汇率贬值股指回落，此后人民币汇率结束贬值开始上升并稳定，股市也开始了快速上涨，而 8 月汇改以后人民币贬值，股指也大幅下挫，目前汇率基本稳定，股指也在盘整。可以看出，随着人民币汇率在 2015 年出现了反复波动，与股指的关系也开始紧密，对汇率的升值和贬值预期在股指上也有所反应，之所以不如韩国与印度明显，应该是中国的证券市场对外资限制相对上述两个国家较多，不像韩国和印度的证券市场中外国投资者的比例比较高，联动性表现更加明显。但是随着中国与国际经济的联系日益密切，此次人民币汇率下跌对全球金融市场的影响出乎意料，人民币汇率的走向近期已经极大地影响了世界股市的波动。

就中国的人民币汇率与利率的关系来看，2005 年至 2015 年底之前，人民币一直是升值态势。在 2014 年底降息之前，人民币一年期基准贷款利率也维持在6%，而 2008 年金融危机使得发达国家普遍推行货币宽松政策，各发达国家的利率接近于零，由于中国利率远远高于国际市场利率，因此国际资本源源进入以套取汇差和利差。直到 2014 年 11 月，我国开始进入降息降准周期，汇率也反复波动并出现贬值预期，国际资本开始不断流出，自 2014 年 8 月至 2015 年 8 月出现了 4400 美元的资金流出。

可见，随着中国市场化程度不断推进，货币政策也由数量型调控逐渐转向价格型调控，汇率、利率和股指的关系也表现出遵从三者的一般规律。汇率贬值、股市下跌，通过利率不断下降来提供资金流动性，降低企业融资成本，实行相对宽松的货币政策。

## 二、中国外汇流动性指标及安全

### (一) 外汇储备下滑明显

我国外汇储备下降很快。外汇储备余额在 2014 年末为 38430 亿美元,全年外汇储备增加额仅 117 亿美元,而 2013 年则增加了 5097 亿美元(见表 4-1)。如果分析各月情况,如图 3-8 所示,由 2014 年 5 月至 2015 年 8 月,外汇储备下降趋势更加明显。从 2014 年和 2015 年的情况来看,外储自 2014 年 6 月冲至 3.99 万亿美元之后,仅 2014 年 8 月、2015 年 4 月为正增长,其余月份均为负增长。从 2014 年 6 月最高点近 4 万亿美元到 2015 年 8 月的 3.56 万亿美元,约减少 4400 亿美元,而 8 月比 7 月骤减 939 亿美元,是历史最高单月跌幅。实际外汇储备下降数额可能更大。

表 4-1  2008~2014 年中国外汇储备

单位:亿美元

| 年份 | 外汇储备额 | 外汇储备增加额 |
|---|---|---|
| 2008 | 19460 | 4178 |
| 2009 | 23992 | 4531 |
| 2010 | 28473 | 4482 |
| 2011 | 31811 | 3338 |
| 2012 | 33116 | 1305 |
| 2013 | 38213 | 5097 |
| 2014 | 38430 | 117 |

资料来源:中国外汇管理局。

### (二) 外汇流动性指标

短期外债占外汇比例并不高,截至 2014 年末,我国外债余额为 8955 亿美元(不包括香港特区、澳门特区和台湾地区对外负债,下同),按可比口径(含特别

表 4-2  短期外债占外汇储备的余额

单位:%

| 2007 年 | 2008 年 | 2009 年 | 2010 年 | 2011 年 | 2012 年 | 2013 年 | 2014 年 |
|---|---|---|---|---|---|---|---|
| 15.4 | 11.6 | 10.8 | 13.2 | 15.7 | 16.3 | 17.71 | 17.78 |

资料来源:中国外汇管理局。

提款权分配,下同)计算,同比增长 2.5%。从期限结构看,中长期外债余额为 2744 亿美元,占 30.6%;短期外债余额为 6211 亿美元,占 69.4%。

外资在华证券投资组合增长加快。在境内证券市场加大对外开放等多种因素的影响下,对外证券投资负债达 5143 亿美元,较 2013 年增长 33%,增速较外国来华直接投资和存贷款等其他投资增速高出约 20 个百分点。

对外投资收益呈现结构性逆差。2014 年,我国国际收支平衡表中投资收益为逆差 599 亿美元,其中,我国对外投资收益收入 1831 亿美元,对外负债收益支出 2429 亿美元,二者收益率差异为-2.7 个百分点,为 2009 年以来差异最小的一年。

进口出现下降。2014 年,进出口总额为 26.4 万亿元,较 2013 年增长 2.3%。其中,出口额为 14.39 万亿元,同比增长 4.9%;进口额为 12.0 万亿元,折合美元为 25796 亿美元,同比下降 0.6%。贸易顺差 2.35 万亿元,同比扩大 45.9%。而到了 2015 年 8 月,这种衰退性逆差则更为显著,出现了出口和进口增速双双下降的局面。

### (三)外汇流动性与外汇储备之比

假设在人民币贬值的预期下,出现资金加速外逃导致外汇挤兑现象,此时外汇需求包括四部分:短期外债、外资的证券投资组合、外资收益和进口提前结汇。按照 2014 年底的各项指标进行计算有如下情形。

第一种情形:外汇需求=6299+5143+599+25796=37837(亿美元),外汇储备为 38430 亿美元,此时,外汇需求与外汇供给能力之比为 98.5%。

第二种情形:外汇需求=6299+5143+599+12898=24939(亿美元),外汇储备为 38430 亿美元,此时,外汇需求与外汇供给能力之比为 64.9%。

从上述两种情形可以看出,即便出现外汇挤兑的极端情况,我国的外汇储备仍然能够应对这种外部冲击。

# 第二节  韩国的外汇流动性安全及启示

韩国经济发展速度虽然有些放缓，但 2014 年总体发展还比较稳定，各项指标表现较好，股市回暖且小幅上升，利率稳定而汇率也不断升值，贸易盈余较为稳定，外汇储备相对充足。长期来看韩国的汇率、利率与股指的关系，韩国汇率升值和股指上升、利率下降相关，而汇率贬值则和股指下跌、利率上升相关。根据计算，韩国外汇流动性风险较小，在正常情况下外汇储备应该没有问题，但如果遇到大的金融恐慌和金融危机，外汇储备仍可能有"挤兑"风险。

## 一、韩国的汇率、股指与利率

### （一）汇率、股指、利率等指标

韩国经济增长有所放缓，但还是相对较稳定地在复苏。如图 4-3 所示，2003 年韩国经济增长率为 2.9%，此后保持在 3%~4%，由于金融危机，2009 年跌至 0.2%，2010 年则反弹至 6.5%，2013 年为 2.8%。韩国银行发表的临时经济预测

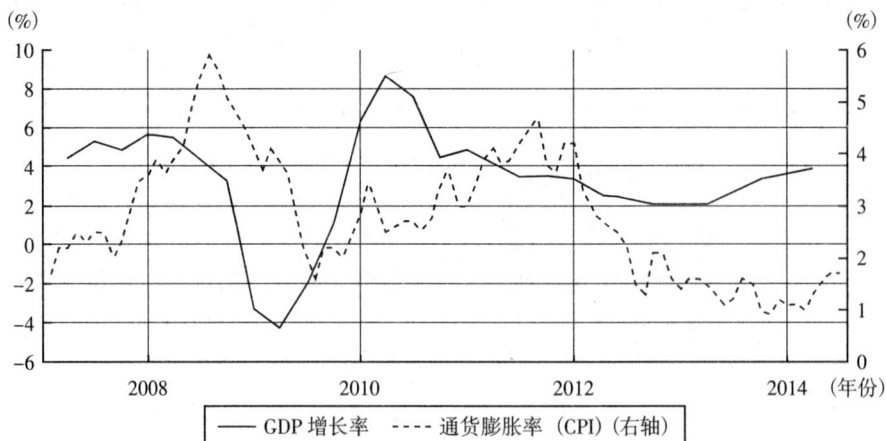

图 4-3  2007~2014 年韩国 GDP 增长率与通货膨胀率

资料来源：韩国央行。

中，将 2015 年韩国经济增长率预计值从 2.8% 调低至 2.7%，将 2016 年韩国经济增长率预计值下调至 3.2%，从总体上看，韩国经济在稳定复苏过程中，虽有短期因素的冲击，但是增长率还是在不断提高，加上不断采取措施刺激经济，韩国经济得以较为稳定的复苏。

1. 汇率指标

美联储 2014 年 10 月退出宽松货币政策。目前，美元汇率上升，欧元区加息导致欧元贬值，日本也因宽松货币政策而出现日元贬值，国际资本抛售风险资产，新兴经济的货币汇率下滑。

韩元兑美元汇率在 2014 年上半年稳中有升，下半年出现波动。韩元汇率 2009 年为 1164.5，此后为单边升值态势，2012 年为 1070.6，2013 年为 1055.4，2014 年第一季度末为 1069.2，第二季度为 1011.8，第三季度为 1055.5，第三季度比二季度贬值 4.1%。韩元 2014 年上半年的升值是由于外国投资者持续购买韩国股票、持续的经常项目顺差和产业结构优化等因素的作用，而 9 月以来的贬值则是受周边国家经济增长缓慢的影响，因为韩国经济高度开放，对外部经济依赖性强。由图 4-4 可以看出韩元与美元、日元在 2014 年 9 月以后呈现走弱和走强的分化走势，这与美国经济走强、日本经济疲软有关。韩国总统目前指出，韩国及企业面临的三大主要风险是低增速、低通胀和疲软日元。从长周期看，如图 4-5 所示。

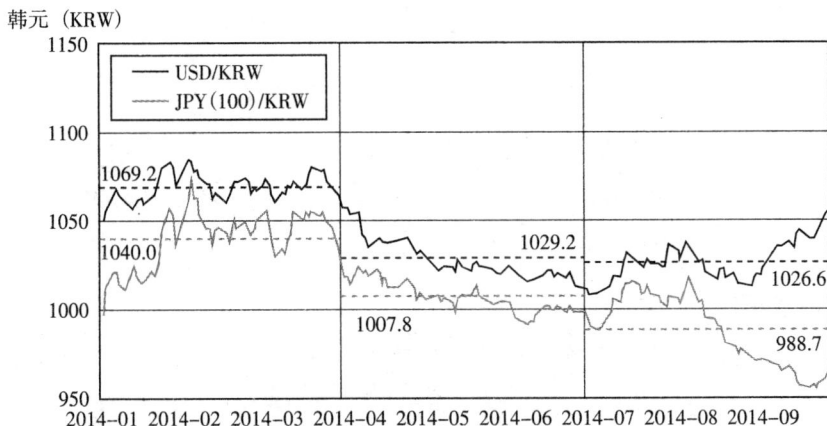

图 4-4 2014 年美元兑韩元汇率和日元兑韩元汇率

资料来源：http://www.bok.or.kr。

韩元（KRW）

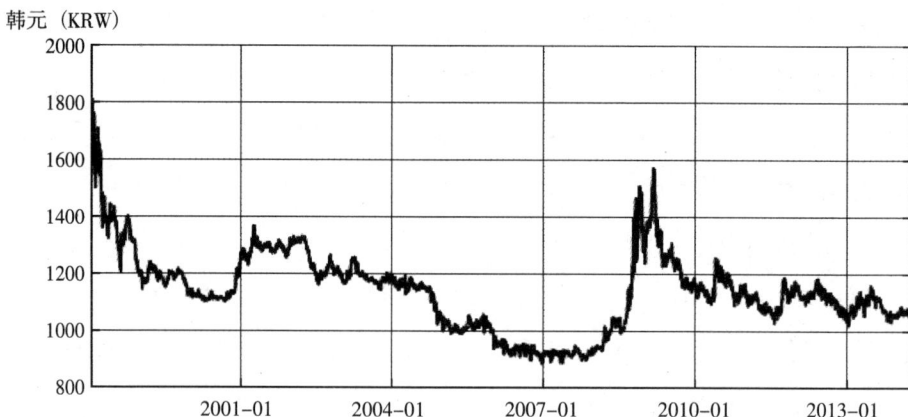

**图 4-5　1998~2014 年韩元兑美元汇率**

资料来源：韩国财政与战略部。

韩国汇率走势短期有调整，长期相对稳定。这种趋势主要受到以下因素的影响：

第一，持续的经常账户盈余构成稳定的国内韩元需求。韩国奉行出口导向战略，亚洲金融危机后，贸易平衡在 1998 年由赤字转为盈余，2009 年后显著扩大，年均超过 300 亿美元。货物及服务出口对韩国 GDP 的贡献从 1997 年的 31%上升到 2012 年的 58.7%，出口商盈余结汇形成了对韩元的稳定需求。这种国际收支长期盈余是韩元汇率升值的基本保证，同时也提升了韩国的经济和金融实力。在出口结构中，由于韩国制造业经营状况明显提升导致其负债权益比率已从 1997 年的 400%降至 2012 年的 101%，出口行业从低端加工产业转向高端技术产业，钢铁、服装加工等在总出口中占比从 1997 年的 40%下降到 2012 年的约 20%；而电子、汽车等技术密集型产品占比则从 50%增加到约 65%，抢占了日本等竞争对手的国际市场份额。中、美是韩国主要贸易对手，截至 2013 年，韩国对中国出口额占总出口比重在 30%以上，约为对美国出口额占比的三倍。面对韩元升值，韩国央行通过抛售韩元来保证出口竞争力，韩国被认为实行自由浮动汇率制度，但央行对外汇市场依然持续大规模干预。2013 年的单日干预规模一度高达 5 亿美元。从 1997 年底至 2014 年 3 月，其外汇储备从 197 亿美元扩大至 3543 亿美元，累计增加约 16 倍。短期内韩元对美元的贬值也保持了其出口产品的价格优势。

第二，外国资本持续流入，带来大量国际韩元需求。1998 年韩国资本市场全面开放，外国直接投资的年流入量在过去十年增长了 1.5 倍，2012 年达到 163 亿美元，占 GDP 的比重从 1% 升到 1.4%。越来越多的国际资本涌入韩国证券市场。根据韩国银行数据，截至 2014 年 2 月，外国投资在股票市场占比达 35%，在上市交易债券中的占比达 7% 左右。

第三，金融机构风险管理水平提升，多层次资本市场的发展，重建了韩国资产对国际资本的吸引力。1998 年以来，金融机构由做大资产规模回到了提高投资收益的轨道：商业银行的平均资本充足率从 1998 年不足 7% 提升至 2012 年底的 14.3%，不良贷款率从 15% 下降至 2% 以下，资本收益率从亏损提升至 6.2%。韩国金融市场自由化促进了多层次资本市场发展：主板、创业板和场外市场的同步发展使得股市规模在 2012 年末达到 1263 万亿韩元，2012 年非金融企业债市场规模已到 1719 万亿韩元，金融机构债总量达到 1686 万亿韩元，融资模式多样化使企业对银行信贷等传统业务依赖下降，银行业系统性风险显著降低。

第四，短期因素影响韩元汇率波动。美联储于 2014 年 10 月终结量化宽松政策，日本央行也突然宣布加大量化宽松政策力度，韩国经济短期内受到美元强势和日元疲软的挤压。由于量化宽松政策退出、美元强势，短期内韩国国内资本大量流出，股市动荡，进口物价上涨，内需复苏放缓。过去伴随着美元升值，韩元贬值通常会带来出口增加等正面效果，但此次日元同期大幅跳水，极大地削弱了韩元对美元汇率贬值带来的出口刺激效果，由于韩日两国的出口相似性指数高达 0.501，日元贬值速度快于韩元，短期内韩国出口企业的竞争力受到明显抑制。不过，日本和欧洲的经济刺激政策将使国际资金流动性增强，一部分资金很可能会回流韩国，填补美元撤离留下的空白。更重要的是，韩国对美国、中国和欧洲的出口比重高达 49.9%，随着这三个地区的经济状况有所改善，韩国的出口还是会继续起到对经济的促进作用。

2. 股指指标

2014 年前三个季度韩国股市表现平稳且震荡上升，如图 4-6 所示，但是 10

月出现下跌，11 月 11 日为 1958 点。前三个季度股市上升的原因在于：韩元一直表现强劲，而且外国投资者也表现为净买入，如表 4-3 所示，外国投资者在 2014 年 4 月占比 35.1%，5 月占比 35.5%，上升了 0.4%。但是 10 月美国终止量化宽松政策，韩国受到影响，外资大量流出，股市震荡。不过由于韩国经济基本面较稳固，12 月股市在触及年初的底部时，又开始回升。

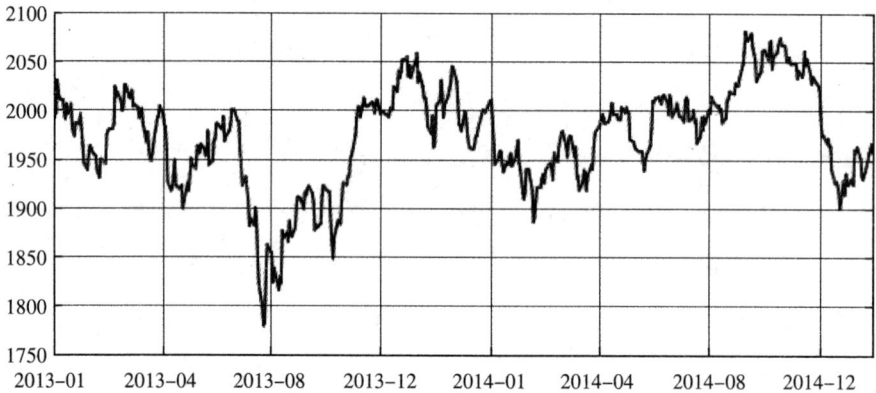

**图 4-6　2013 年 1 月至 2014 年 12 月韩国股票市场**

资料来源：韩国财政和战略部。

表 4-3　韩国股市基本情况

| | KOSPI 指数 | | | KOSDAQ 指数 | | |
|---|---|---|---|---|---|---|
| | 2014-04 | 2014-05 | 环比 | 2014-04 | 2014-05 | 环比 |
| 股市价格指数 | 1961.8 | 1995.0 | 33.2 (1.7%) | 559.3 | 546.5 | −12.8 (−2.3%) |
| 股票资本市值（万亿韩元） | 1168.0 | 1192.6 | 24.6 (2.1%) | 134.6 | 132.0 | −2.6 (−1.9%) |
| 日交易量（韩元） | 3.6 | 3.7 | 0.1 (2.8%) | 2.1 | 1.9 | −0.1 (−9.5%) |
| 外资持股（%） | 35.1 | 35.5 | 0.4 (1.1%) | 10.4 | 10.7 | 0.1 (0.9%) |

资料来源：韩国证券期货交易所。

3. 利率指标

韩国中央银行的基准利率是 7 天回购利率，韩国央行的货币政策委员会根据货币政策走向、国内和海外经济与金融市场等状况来决定基准利率，基准利率很快会对隔夜利率产生影响，并导致短期和长期市场利率和存贷款变化，从而最终影响实体经济。2014 年 10 月 15 日韩国央行将基准利率由 2.25% 下调至 2%，创 2010 年最低水平，如图 4-7 所示，目的在于支持国内需求和物价。

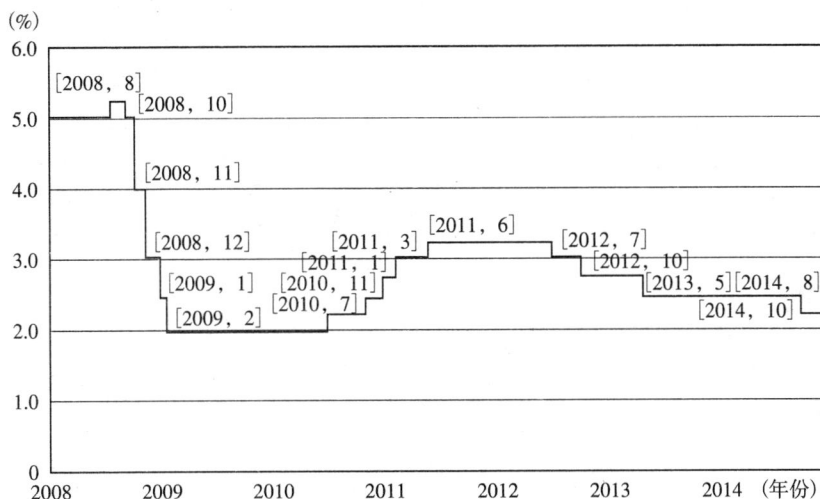

图 4-7　2008~2014 年韩国中央银行的基准利率

资料来源：韩国央行。

4. 韩国的汇率、股指、利率三者的关系

从长期来看，韩国汇率升值和股指上升、利率下降相关，而汇率贬值则和股指下跌、利率上升相关，图 4-8、图 4-9 体现了 2008 年以来和 1998 年以来的汇

图 4-8　2008 年以来汇率与股指的关系

资料来源：韩国央行，韩国证券期货交易所。

率和股指的关系，可以看出汇率升值和股指上升是同步的，下降也是同步的，两者的波动完全一致。图 4-10、图 4-11 则反映了汇率与利率之间的关系。以 2014年 10 月为例，随着韩元贬值，股指下跌，韩国央行立即采取的应对措施之一是下调基准利率，以刺激经济。

图 4-9　1998 年以来汇率与股指的关系

资料来源：韩国央行，韩国证券期货交易所。

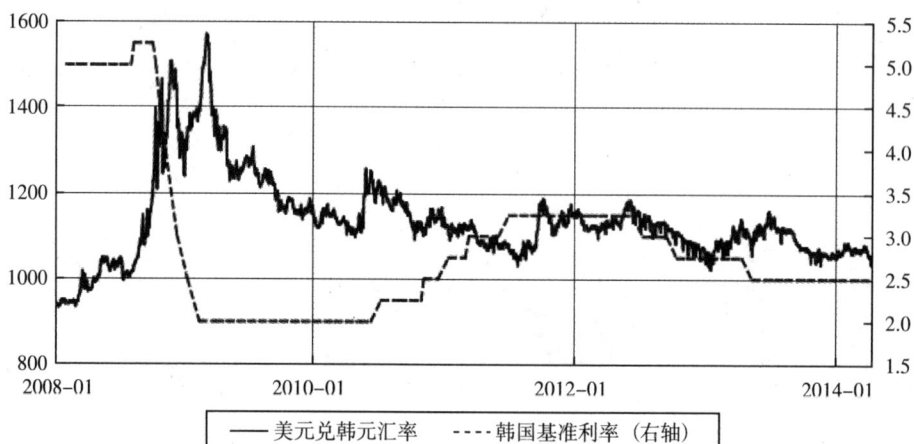

图 4-10　2008 年以来汇率与利率的关系

资料来源：韩国央行。

图 4-11　1998 年以来汇率与利率的关系

资料来源：韩国央行。

韩国和中国的经济依存性不断增强，中国资本与韩国股价的相关性日渐上升。韩国 LG 经济研究院分析，2002 年 1 月至 2008 年 6 月以前，中国股价的浮动为 1%，韩国股价的浮动仅为 0.11%；但 2008 年 7 月至 2010 年 6 月的金融危机期间，韩国的股价浮动上升至 0.32%，2010 年 7 月至 2014 年 3 月保持在 0.25% 这一较高水平。韩国在贸易、直接投资等实物经济领域中对中国的依存度尤为高。从汇率来看，两国的汇率也和股价一样出现联动，金融危机前，人民币浮动 1%，韩元便出现 0.46% 的变化，金融危机之后，2010 年 6 月 21 日至今，韩元的浮动幅度上升至 0.7%。不过由于中国的利率自由化和债券市场开放程度较低，两国债券市场联动性水平较低。2008 年底，韩国股市和债券市场中的中国资金规模分别为 2700 亿韩元和 800 亿韩元，在总外国投资中占比均为 0.2%。在 2011 年欧债危机期间，韩国股市约逃离了 9.6 万亿韩元的外国资金，但是中国资金却流入了 1.2 万亿韩元。这些资金是中国政府机构出于外汇储备多边化的考虑，大笔收购的韩国债券。随着首尔人民币清算行不断发展以及中韩自贸区协议的正式签订，两国的相互资金流动将会更加频繁。

**（二）资本流入流出情况**

韩国资本和金融账户在 2014 年均呈现净流出。如图 4-12 所示，资本和金融账户平衡的情况如下：2013 年 12 月为 -77.5 亿美元，2014 年 1 月为 -44.8 亿美元，2 月为-69.2 亿美元，3 月为-57.8 亿美元，4 月为-62.4 亿美元。

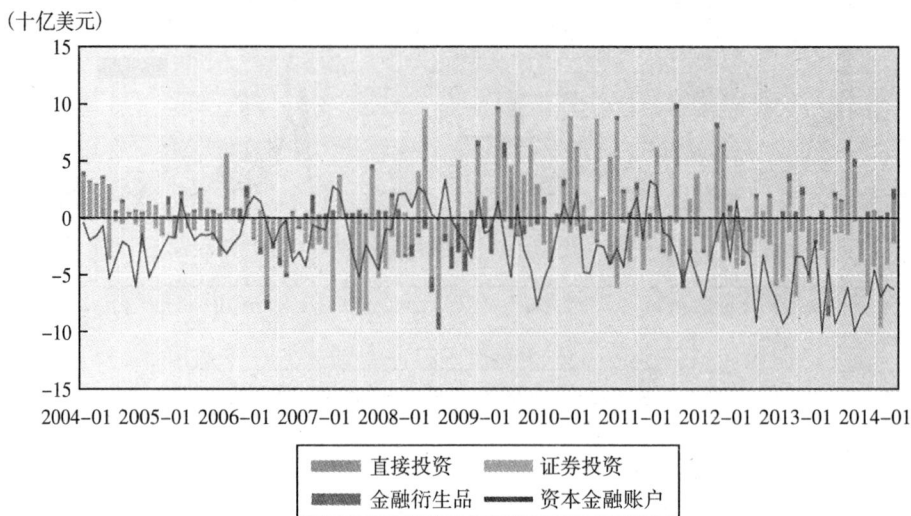

（十亿美元）

图 4-12　资本和金融账户平衡

资料来源：韩国央行。

直接投资呈现净流出，3 月为-20.2 亿美元，4 月为-21.6 亿美元，主要是因为韩国对外直接投资净流出所致。

股票投资由 2014 年 3 月的-20.1 亿美元（净流出）变为 4 月的 16.6 美元（净流入）。股票投资由净流出变为净流入，主要是因为外国投资证券对韩国的投资在不断上升。

金融衍生品由 2014 年 3 月净流入 5.1 亿美元上升为 4 月净流入 8.6 亿美元。但是其他投资则从 3 月净流出 4.7 亿美元上升为 4 月净流出 59.4 亿美元，原因在于金融公司贷款和海外存款均在上升。

**（三）房价指标及趋势**

韩国房屋的零售价格一直较平稳，略有下降。如表 4-4 所示，2010 年上升 1.9，2011 年上升 6.9，2012 年为 0，2013 年为 0.3，2014 年到目前仅上升了 0.8。就地域看，除首尔都市圈外，国内其他地区有 0.1 的上升，如图 4-13 所示。首尔都市圈下降 0.1，首尔江南区下降 0.1，首尔江北区没变化。五个主要都市圈有微升，包括釜山（0.0），大邱（0.4），仁川（0.0），大田（0.0），光州（0.3）。

表 4-4 韩国住房的价格变化

单位：%

| 年份 | 2010 | 2011 | 2012 | 2013 | | | | 2014 | | | | | |
|---|---|---|---|---|---|---|---|---|---|---|---|---|---|
| | 年均 | 年均 | 年均 | 年均 | 10月 | 11月 | 12月 | 年均 | 1月 | 2月 | 3月 | 4月 | 5月 |
| 全国 | 1.9 | 6.9 | 0.0 | 0.3 | 0.3 | 0.2 | 0.2 | 0.8 | 0.2 | 0.2 | 0.2 | 0.1 | 0.0 |
| 首尔中心区 | -1.7 | 0.5 | -3.0 | -1.1 | 0.3 | 0.1 | 0.1 | 0.7 | 0.2 | 0.2 | 0.3 | 0.0 | -0.1 |
| 首尔 | -1.2 | 0.3 | -2.9 | -1.4 | 0.3 | 0.1 | 0.0 | 0.6 | 0.2 | 0.2 | 0.3 | 0.0 | -0.1 |
| 江南区 | -1.0 | 0.3 | -3.5 | -1.1 | 0.4 | 0.1 | -0.1 | 0.5 | 0.2 | 0.2 | 0.2 | -0.1 | -0.1 |
| 江北区 | -1.4 | 0.3 | -2.3 | -1.7 | 0.3 | 0.1 | 0.1 | 0.7 | 0.2 | 0.2 | 0.2 | 0.1 | 0.0 |
| 首尔中心区以外地区 | 6.4 | 15.1 | 3.1 | 1.7 | 0.2 | 0.2 | 0.3 | 0.9 | 0.3 | 0.2 | 0.2 | 0.1 | 0.1 |

资料来源：Korea Appaisal Board。

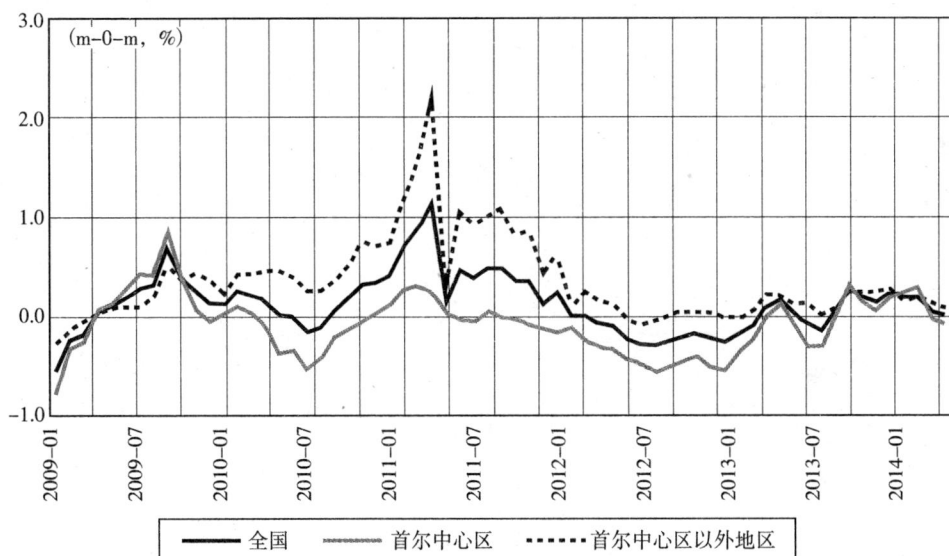

图 4-13 韩国各地区住房的售价变化

资料来源：Korea Appaisal Board。

租金价格上半年总体呈下降趋势，2014 年 5 月有 0.1 的上升，如图 4-14 所示。其中，首尔变动为 0，如表 4-5 所示。在首尔主要城区，出租价格变化都有微降：江南区（-0.1），瑞草区（-0.1），松坡区（-0.1），江东区（-0.3），城东区（-0.1）。韩国允许外国人购买拥有土地、房产等，具体价格因地域、建筑时间等差别较大。表 4-6 以首尔麻浦区龙江洞为例，可以看出韩国房屋的价格。

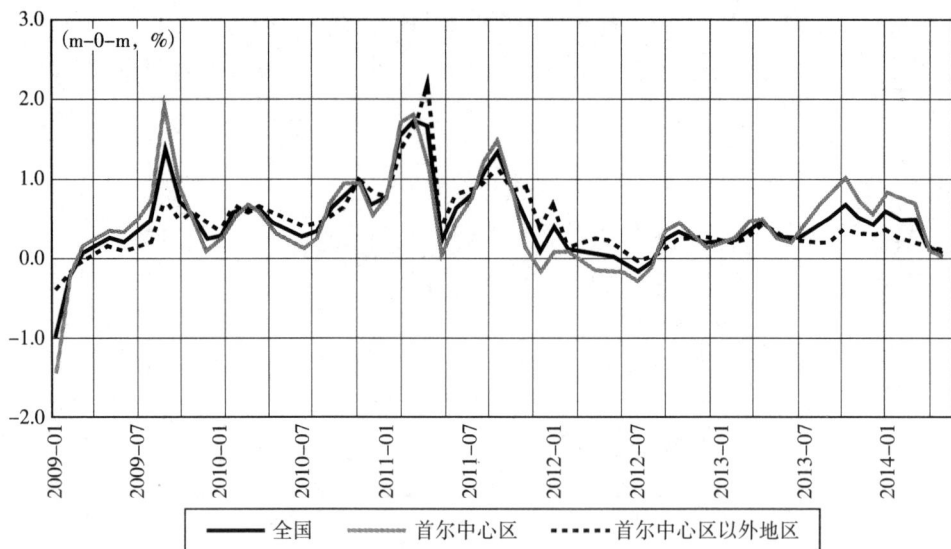

**图4-14 按地区来看韩国房屋的出租价格变化**

资料来源：Korea Appaisal Board。

**表4-5 韩国住房的出租价格变化**

单位：%

| 年份 | 2010 | 2011 | 2012 | 2013 | | | | 2014 | | | | | |
|---|---|---|---|---|---|---|---|---|---|---|---|---|---|
| | 年均 | 年均 | 年均 | 年均 | 10月 | 11月 | 12月 | 年均 | 1月 | 2月 | 3月 | 4月 | 5月 |
| 全国 | 7.1 | 12.3 | 3.5 | 4.7 | 0.7 | 0.5 | 0.4 | 1.8 | 0.6 | 0.5 | 0.5 | 0.1 | 0.1 |
| 首尔中心区 | 6.3 | 11.0 | 2.1 | 6.2 | 1.0 | 0.7 | 0.6 | 2.5 | 0.8 | 0.8 | 0.7 | 0.1 | 0.0 |
| 首尔 | 6.4 | 10.8 | 2.1 | 6.6 | 1.0 | 0.7 | 0.5 | 2.0 | 0.8 | 0.6 | 0.5 | 0.1 | 0.0 |
| 江南区 | 7.6 | 11.1 | 2.4 | 6.7 | 1.2 | 0.6 | 0.5 | 2.2 | 0.7 | 0.6 | 0.4 | -0.1 | -0.1 |
| 江北区 | 5.1 | 10.6 | 1.8 | 6.4 | 0.9 | 0.8 | 0.5 | 2.2 | 0.7 | 0.6 | 0.6 | 0.2 | 0.1 |
| 首尔中心区以外地区 | 9.2 | 14.5 | 4.6 | 3.3 | 0.4 | 0.3 | 0.3 | 1.1 | 0.4 | 0.2 | 0.2 | 0.2 | 0.1 |

资料来源：Korea Appaisal Board。

**表4-6 首尔麻浦区龙江洞的土地及房屋价格（2012年2月）**

| 不动产 | 使用方式 | 计量单位 | 价格 | 保证金 |
|---|---|---|---|---|
| 土地 | 购买 | 平方米 | 3030万韩元 | — |
| | 租赁 | 661平方米 | 4720万韩元/月 | 5800万韩元 |
| 工业厂房 | 购买 | 平方米 | 177万韩元 | — |
| | 租赁 | 297平方米 | 342万韩元/月 | 3100万韩元 |
| 办公楼 | 购买 | 平方米 | 1060万韩元 | — |
| | 租赁 | 112平方米 | 220万韩元/月 | 3000 |
| 住宅 | 购买 | 平方米 | 610万韩元 | — |
| | 租赁 | 108平方米 | 200万韩元/月 | 5000万韩元 |

资料来源：韩国不动产信息协会。

## 二、韩国外汇流动性的供求及安全

### (一) 外汇流动的需求与供给的相关指标

"可流动外汇负债"为对外汇的潜在需求，相当于 1 年内到期的外币贷款、外币债务年利息、海外组合投资 (股票和债券) 累积本金和与 6 个月至 1 年的进口总额等值的外汇总额。

1. 外汇流动性负债情况

(1) 2013 年外来投资流动性加大。2013 年上半年，外资投资韩国股票市场呈现净流出的态势，这源于对美国退出量化宽松政策及中国经济硬着陆的担心，而下半年由于韩国经济相对于新兴市场宏观经济面更好，股票资金开始重新净流入。这些股票资金的流入和经常项目顺差是导致韩元汇率升值的主要因素。外资对股票的投资流动是基于对韩国经济稳定性的判断，比如经常账户顺差，资金则呈现净流入。但是由于受全球金融市场流动性减少的影响，其流进流出的波动性在加大，特别是短期资金的进出。截至 2013 年 2 月，外国投资者持有的韩国股票规模为 421.2 万亿韩元，其中，美国投资者持有规模为 165.1 万亿韩元，占外国投资者持有总额的 39.2%。英国投资者持有 40.7 万亿韩元，卢森堡持有 27.4 万亿韩元，欧洲地区投资者持有金额达 131 亿韩元，占投资者持有总额的 31.1%。至 2014 年 5 月，外国投资韩国股票的资金占比为 35.5%。

2013 年下半年，外国投资债券的资金净流出，源于担心美国退出量化宽松政策使得新兴市场投资韩国的债券资金紧缩，这些资金及海外居民投资的净流出，是因为全球资金流动性供给减少，降低了对债券的需求，也部分抵消了韩元升值的压力。

从长期来看，海外证券投资自 2009 年初到达谷底后就一直呈现上升趋势，受金融市场资金流动的影响，2013 年下半年开始放慢，如图 4-15 所示。在结构上，2013 年因为受到低增长和低利率趋势的影响，长期资金的回报率下降，受日本等发达经济体的货币宽松政策推出的影响，海外证券投资的短期回报率在上升，由图 4-16 可以看出，短期资金的波动性在增加。

（亿美元）

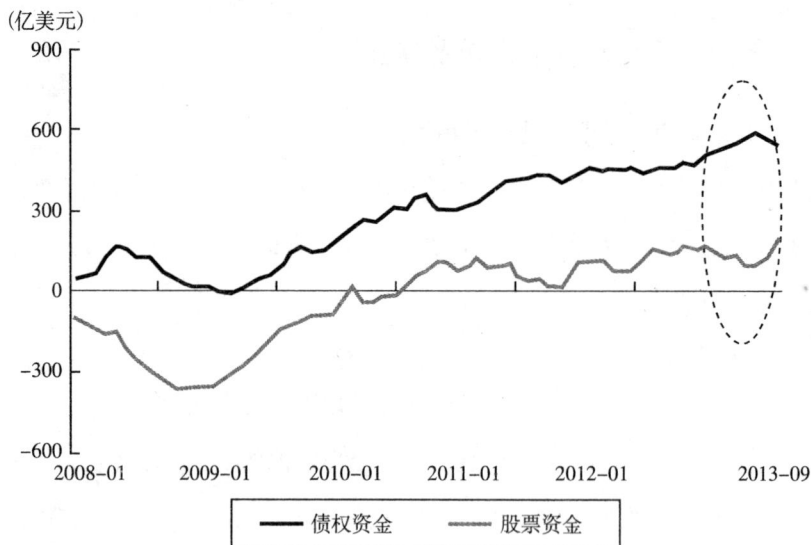

**图 4–15　外资证券资金净流入**

资料来源：韩国央行。

（亿美元）

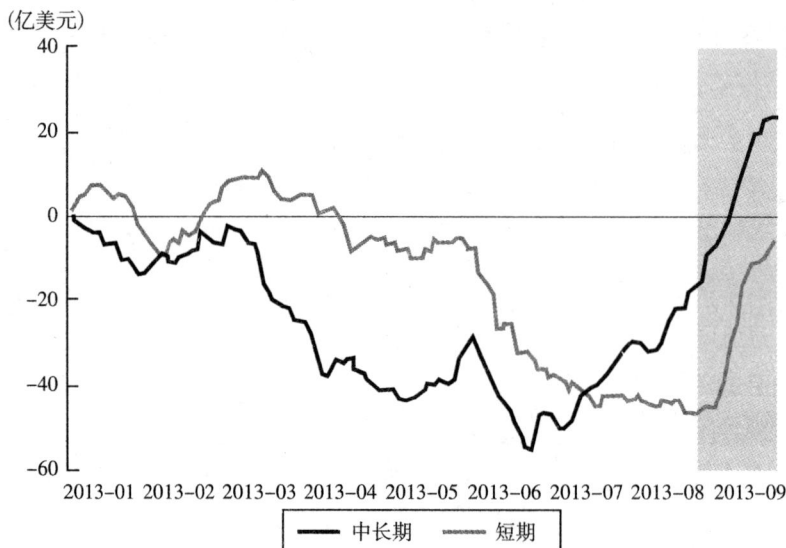

**图 4–16　外国净买入股票的投资期限**

资料来源：韩国央行。

（2）短期外债占比不断降低。据韩国财政战略部《国际投资对照表》显示，截至 2012 年底，韩国的短期外债余额为 1267 亿美元，较前年减少了 107 亿美元，短期外债占外债总额的比例为 30.6%，创下 13 年以来的最低点。2013 年，韩国短期外债在总外债中占比为27.1%，下降4%，创1999年第二季度以来新低。2013年，韩国外债总额4166亿美元，比2012年增加72亿美元。其中短期外债1128亿美元，减少143亿美元；长期外债3037亿美元，增加216亿美元。

从短期外债与外汇储备之比来看，短期外债占外汇储备的比例由2012年末的38.8%下降到2013年6月底的36.6%，如图4-17所示，可见韩国短期外债支付能力持续提高。短期外债占总外债的比例下降，延续了改善的趋势。全部外债占GDP的比例与2012年相比在下降，2013年为35.3%。这些都说明韩国国内银行的外汇资金状况良好，外债结构持续改善，有充足的外汇流动性，其外汇借贷能力也在提高。

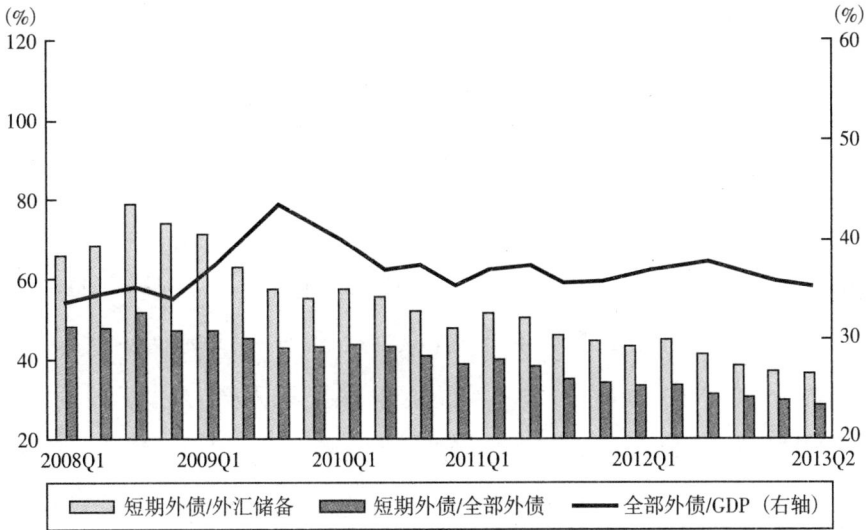

**图4-17 韩国短期债务与外汇储备之比**

资料来源：韩国央行。

（3）外贸进出口呈上升态势。2009~2011年，进出口连续三年保持上升态势，已恢复到危机之前的高点，贸易收支连续23个月保持顺差，2013年顺差达440亿美元，比2012年的280亿美元增长了55.83%。韩方统计，2013年韩国贸易总额为10752亿美元，同比增长0.7%，其中进口额为5156亿美元，同比减少0.8%，出口额为5596亿美元，同比增长2.1%。在全球贸易放缓的大背景下，韩国贸易总额自2011年以来连续三年突破1万亿美元，刷新历史纪录，如图4-18

所示。从企业来看，中小企业出口增长率为 3.6% 明显高于大企业的 1.0%，出口商品类型也更加多样，出口结构更为坚实。

（十亿美元）

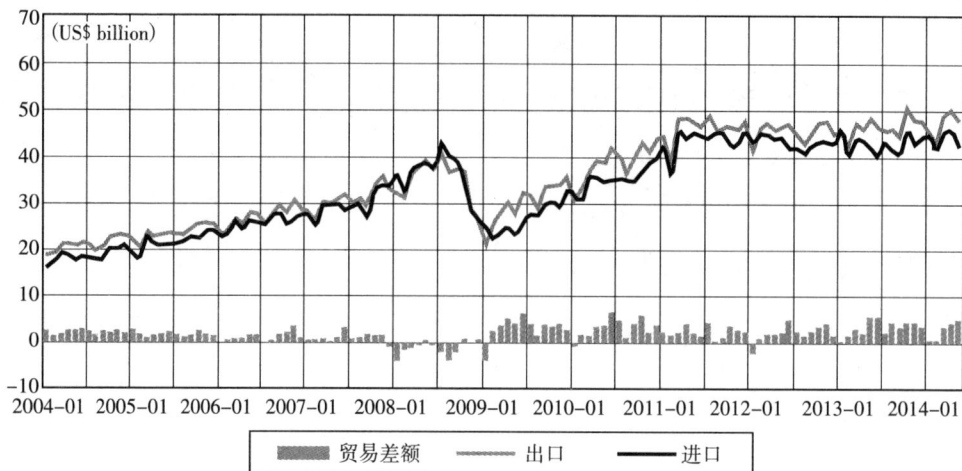

**图 4-18　韩国的出口与进口**

资料来源：韩国海关，韩国贸易工业能源部。

### 2. 外汇储备连创新高

韩国银行数据显示，截至 2014 年 2 月底，韩国外汇储备规模为 3517.9 亿美元，环比增加 34 亿美元，创历史最高纪录，至此，韩国外汇储备规模已连续 7 个月创新高，如图 4-19 所示，外汇储备规模排在全球第七位。韩国央行表示，外汇储备继续增加是由于非美元资产增值。例如欧元走强使欧元资产换算成美元

（百万美元）

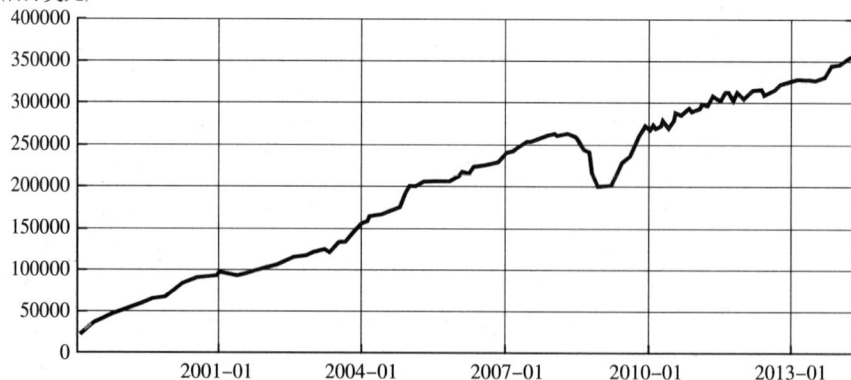

**图 4-19　韩国外汇储备**

资料来源：韩国央行。

后的价值增加，以及韩国外汇资产的投资运用收入也有所增加。在韩国外汇储备中（见表4-7），2013年，国债等有价证券规模为3210.6亿美元，环比增加40.3亿美元；投资储备金为181.1亿美元，环比减少6.1亿美元；国际货币基金组织（IMF）特别提款权（SDR）为34.9亿美元，环比增加1000万美元；国际货币基金组织的储备头寸为25亿美元，环比减少2000万美元；黄金储备为47.9亿美元，环比持平。

表4-7 韩国官方外汇储备结构

单位：亿美元

| | 2010年 | 2011年 | 2012年 | 2013年 | 2014年 | | |
| --- | --- | --- | --- | --- | --- | --- | --- |
| | | | | | 2014-02 | 2014-03 | 3月变动 |
| | 2915.7 | 3064.0 | 3269.7 | 3464.6 | 3517.9 | 3543.4 | (25.5) |
| 有价证券 | 2679.3 | 2779.4 | 2998.6 | 3210.6 | 3228.9 | 3234.0 | (5.2) |
| 存款 | 189.9 | 202.9 | 170.4 | 145.9 | 181.1 | 202.1 | (21.0) |
| SDRs | 35.4 | 34.5 | 35.3 | 34.9 | 34.9 | 35.0 | (0.1) |
| IMF份额 | 10.2 | 25.5 | 27.8 | 25.3 | 25.0 | 24.3 | (−0.7) |
| 黄金 | 0.8 | 21.7 | 37.6 | 47.9 | 47.9 | 47.9 | (0.0) |

注：有价证券包括政府证券、政府代理债权、金融债、MBSs、ABSs及其他。
资料来源：韩国央行。

### （二）韩国的可流动外汇负债与外汇储备之比

如果把短期外债、外资股票投资、一年内的进口额三项累加，可得到一年内的外汇潜在需求。其中，2010年、2011年、2012年、2013年对外汇的潜在需求分别为6688亿美元、7581亿美元、7676亿美元、7665亿美元，如表4-8所示。以外汇可流动负债与外汇储备的比率来看，2010为229%，2011年为247%，2012年为236%，2013年为221%。可见一年内的潜在外汇需求都是外汇供应的200%以上。那么，结合韩国的各项经济指标可看出，在正常情况下，韩国的支付能力应该没有问题，但如果国际金融市场出现恐慌，外资大量撤离，官方外汇储备也可能出现"挤兑"。

韩国经济面趋好，股市回暖，汇率升值，贸易盈余稳定，储备相对充足。就目前观察，没有流动性风险。但是如果遇到大的金融恐慌和金融危机，则可能出现问题。

表 4-8  一年内的韩国外汇潜在需求与供给

单位：亿美元

| 年份 | 一年内短期外债 | 外资股票投资 | 进口额 | 外汇储备 | 外汇可流动负债/外汇储备（%） |
|------|------|------|------|------|------|
| 2010 | 1341 | 1095 | 4252.1 | 2915.7 | 229 |
| 2011 | 1361 | 976 | 5244 | 3064 | 247 |
| 2012 | 1267 | 1253.7 | 5196 | 3269.7 | 236 |
| 2013 | 1128 | 1381.8 | 5156 | 3464.6 | 221 |
| 2014-03 | | | | 3543.4 | |

资料来源：韩国金融与战略部。

## 三、对中国的启示

### （一）随着外汇市场国际化程度更高，外汇监管将变得更复杂

就韩国情况看，其汇率升值和股指上升、利率下降密切相关，而汇率贬值则和股指下跌、利率上升密切相关。自 1997 年金融危机和 2008 年金融危机以来，汇率升值和股指上升同步，下降也同步，波动完全一致。2014 年 10 月，韩元贬值，股市下跌，韩国央行立即下调基准利率以刺激经济。韩国的经济外向度比较高，参与国际经济市场更深，其汇率更好地反映了经济基本面并在股市表现出来，利率也就能够成为很好的价格调控工具。因此其外汇流动性的安全上也更深地与国际金融市场密切相关。其对外汇流动性的金融监管难度更高，所以韩国对于短期外汇流动性监管也更为关注。韩国银行把焦点放在安全性和流动性上。韩国银行（BOK）持有外汇储备是为了保持干涉外汇市场的能力，应付对内震动和对外震动，并且还要保持国家财富的价值，因此，韩国银行把焦点放在安全性和流动性上，同时也要保持产生高盈利。韩国的外汇体制在 1997 年亚洲金融危机后变为自由浮动汇率体系，这也降低了中央银行对外汇市场的干涉。

对比我国，人民币国际化、沪港通、对外资开放银行间债券市场、在伦敦发放人民币国债，随着人民币汇率对国际金融市场的影响越来越大，人民币的币值变化对新兴市场货币的影响也不断加深，外资也更深地介入到我国的外汇市场、股市以及债券市场。因此，借鉴韩国的外汇储备管理和外汇安全管理的经验，我国需要加强对短期流动资本的跨境监管密切关注，并建立监控网络以及建立与其

他国家之间的跨境资本联合监管。

## (二) 发挥外汇稳定基金的作用

按有关法律规定，韩国的外汇储备包括来自韩国银行和政府（外汇稳定基金）的资金。韩国银行持有和管理外汇储备的权力由《韩国银行法》和《外汇交易法典》规定，这些都对公众开放。为了与《外汇交易法典》和《会计法典》相一致，也为了稳定外汇汇率，政府设立了外汇稳定基金，并且委托韩国银行来管理这项基金。因此，建立于 1950 年 6 月的韩国银行，是韩国外汇储备的唯一储备管理实体。另外，关于政策的制定，如在对外汇市场的干涉、监督外币债务与协调《外汇交易法典》等问题上，韩国银行与政府是密切合作的。

对比我国，2015 年 8 月汇改引起市场对人民币长期贬值的预期，央行对外汇市场进行了较大幅度的干预，8 月使用了 1200 亿外汇储备对人民币在岸市场和人民币离岸市场汇率进行干预，人民币贬值的恐慌暂时遏制住，目前市场情绪较为稳定。从这个层面上看，我国或许可以借鉴韩国利用外汇稳定基金来稳定外汇市场，防止汇率大幅波动。例如，我国设立外汇平准基金，即外管局以部分外汇储备来设立此项基金，通过对某个具体市场的逆向操作，降低非理性的市场剧烈波动，以达到稳定该市场的目的。

## (三) 发挥投资工具的作用

我国外汇收益较低，是亟待解决的问题。韩国在此方面也有较好的经验可以借鉴。根据韩国银行内部的规章，储备管理中被允许的存款和有价证券的投资品种如下：对有价证券来说，投资局限于 AA 或以上信用级别的债券——主权债券、机构债券、超国家的证券和财政证券，而股票、公司证券、房贷证券化资产（ABS）和信贷资产证券化资产（MBS）则不允许投资；关于存款，他们只存于信用评级 A 或更高的金融机构。不过，外购的资产可以被允许投资于公司债券、房贷证券化资产和信贷资产证券化资产，如果他们相信其等级是 AA 或者以上。每日测量并且监控绝对的 VaR 和相对的 VaR 值作为有效的风险管理的补充工具。我国在外汇投资多元化的管理上，则可以借鉴这种管理经验，投资高等级的债券，借助于专业的投资公司。其实外管局也设立了类似的基金，因此还可以借鉴韩国在此方面的投资经验。

# 第三节　印度的外汇流动性安全及启示

印度莫迪政府上台后，政治稳定性上升，新改革阶段开始。2014年随着外资回流股市，股市回暖上升，经济转好，卢比汇率相对比较稳定，未来也应趋向稳定。从一年的外汇流动性与外汇储备来看，外汇潜在需求与供给并不平衡，主要是贸易逆差较大造成外汇收支较为脆弱。在正常情况下不会发生问题，但如果国际金融市场发生大的震荡，可能会有支付危机。印度应该减少贸易逆差，增加出口，增加外汇储备，增强外汇支付能力，也要适当控制外资在证券市场比例高的风险。

## 一、印度经济的基本指标

### （一）印度汇率、利率、股指等基本指标

#### 1. 印度的低 GDP 增长和高通胀

印度近两年的 GDP 增长率在5%以下，而 CPI 通货膨胀率在8%以上，如图4-20 所示。在 2013~2014 年，印度 GDP 的增长率为 4.7%，略高于近十年以来4.5%的低位，但低于4.9%的预期目标。2014~2015 财年第一季度（4~6月）经济增长率为 4.6%，第二季度（7~9月）为 5.7%，符合市场预期，出现复苏迹象。全年经济增长预期为 5%。由于投资者相信莫迪领导的国民党所组成的强有力的议会多数派将进行长远改革，印度股市大涨，通货膨胀率也有降低，11月的通货膨胀率降到 5.52。但是，诸多不确定性问题包括基础设施发展缓慢、借款成本不断增大、官僚主义严重、税务政策等都使消费者和企业对经济前景存在疑虑。印度利率高达8%左右，这打击了消费者支出和企业投资。印度财政部表示，经济改革将着重促进制造业和基础设施发展，并扩大税基，以及采取扩大外资的措

施等。2014~2015财年的下个季度经济增速可能放缓，原因在于农业和工业增长放缓。

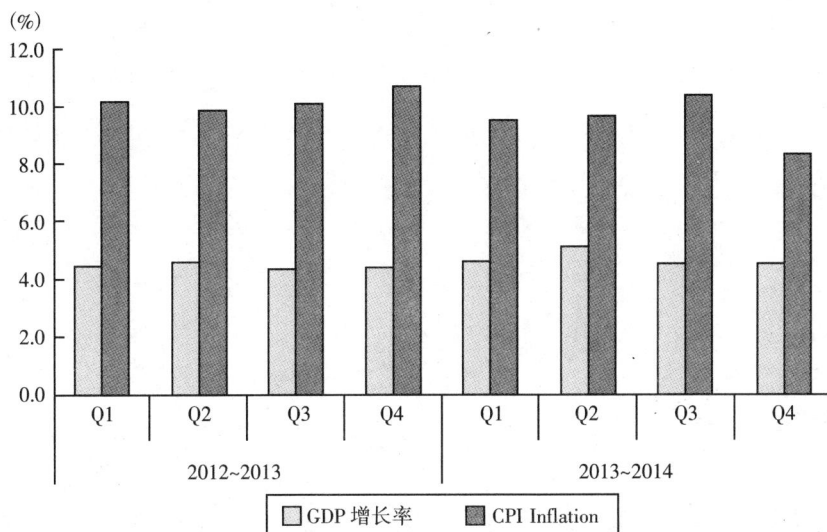

（a）GDP增长率及通货膨胀率

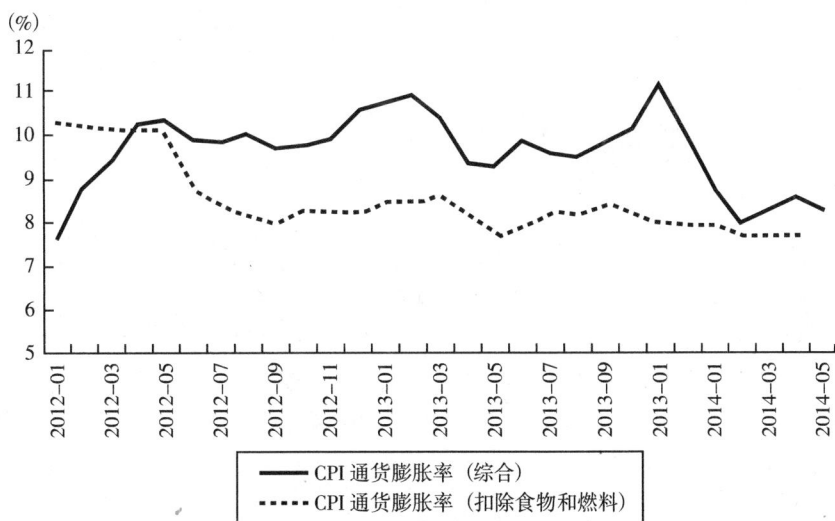

（b）CPI通货膨胀率

**图4-20　印度的低GDP增长率和高通货膨胀率**

资料来源：印度储备银行，印度经济数据库。

### 2. 卢比汇率近期微降，长期趋稳

自2008年以来，印度卢比持续贬值。2014年，印度卢比汇率趋于稳定，原

因在于经济基本面有所好转。2014~2015 财年的第一季度（4~6 月），经济增长 4.6%，第二季度（7~9 月）经济增长 5.7%，符合市场预期，预计整个财年会有 5%的增长率。由于印度卢比兑美元汇率采取的是由市场机制决定的浮动汇率制，其外汇储备可支撑 6~7 个月的进口需求，目前可排除卢比再次出现支付危机的可能。由于不确定因素增加，2014~2015 财年下半年经济增速或将放缓，未来汇率仍将维持这种小幅波动态势（如图 4-21 所示）。

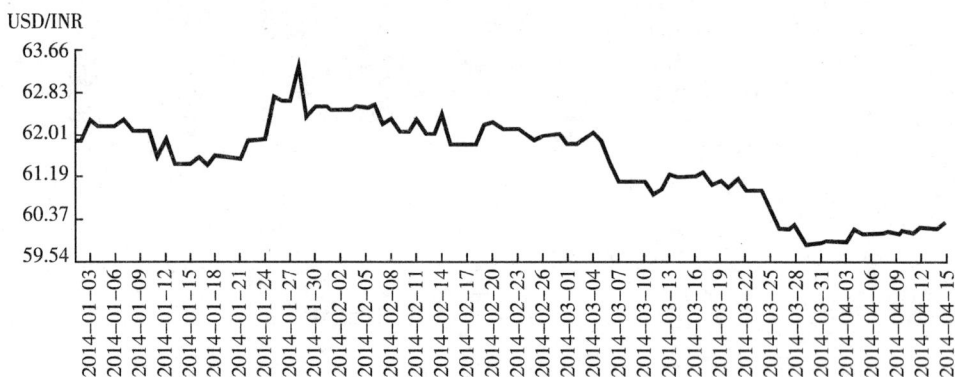

（a）2014 年美元兑卢比汇率

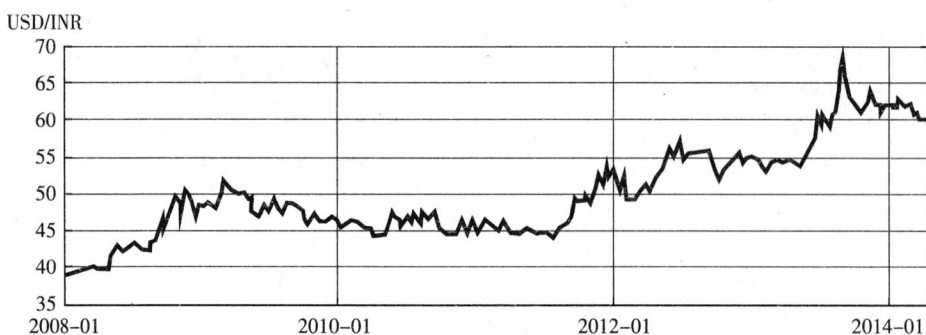

（b）2008~2014 年美元对卢比汇率变动

**图 4-21　印度汇率指标**

资料来源：印度储备银行。

3. 股市稳定上升

2014 年，SENSEX 指数由年初的 21000 点上升到 10 月的 27098 点。夏季逃离印度市场的外资在年底回流，并连续流入。由于看好印度经济结构转佳的效益及对新政府的期待，先前加码大盘较少的本土基金开始回补股份，外国机构投资者更是为印度的牛市行情起了积极的推动作用，因此股市一直维持升势（如图4-22 所示）。2013~2014 财年的资金流动情况是，外商直接投资净流入为 210 亿美元（包括流入 308 亿美元以及印度对外投资 92 亿美元），证券组合投资净流入为 48 亿美元（包括流入 50 亿美元和印度对外证券投资 2 亿美元）。

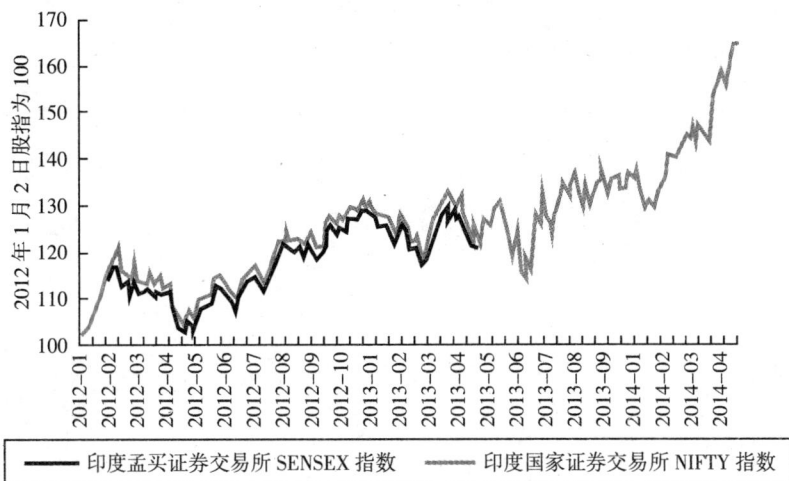

（a）2012~2014 年印度股指指数

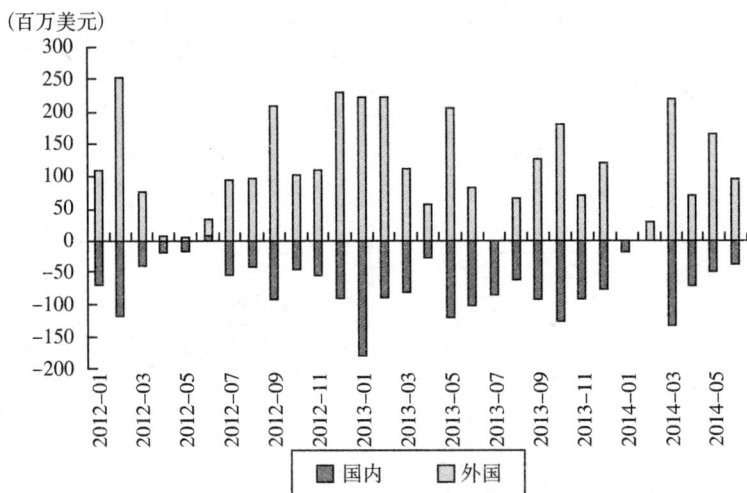

（b）股票市场上的机构投资者

**图 4-22 印度股指指数及机构投资者**

资料来源：印度储备银行。

### 4. 利率指标趋稳

从国际上看，大多数国家的基准利率主要分为两类：一类是货币市场的短期拆借利率；另一类是央行的再贷款利率、再回购利率或再贴现利率。印度的主要基准利率是回购利率和逆回购利率，而国债利率、同业拆借利率和大部分银行存贷款利率等都以基准利率为基础实行市场化定价。印度储备银行的主要政策性利率包括：银行贴现率（Bank Rate）、回购利率（Repo Rate）、逆回购利率（Reverse Repo Rate）和边际贷款工具利率（Marginal Standing Facility Rate），而国债利率、货币市场利率等都以这些政策性利率为基础通过价格的传导来进行市场化定价。2014年11月，印度央行维持回购利率在8%，将逆回购利率维持在7%不变，如图4-23所示。

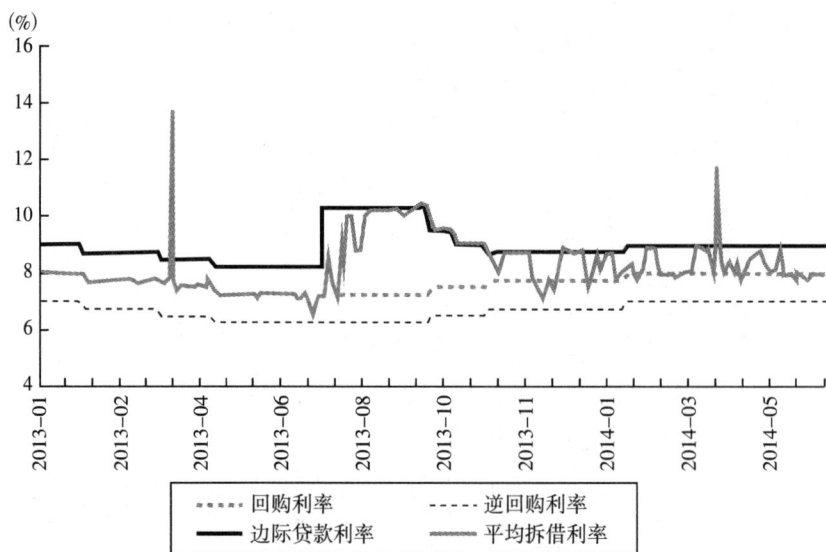

**图4-23 2013~2014年印度的政策性利率与拆借利率**

注：日期至2014年6月10日。

资料来源：印度储备银行。

### 5. 汇率、股票指数、利率密切相关

从长期来看，2006年之前，印度的美元兑卢比汇率维持在1：40的水平，2008年大幅贬值为1：53，2013年9月接近1：70，2014年重回1：60左右。这期间，股票指数总体攀升，与印度作为金砖五国的经济持续较快发展有关。股

市在 2008 年、2013 年有大幅下挫，印度卢比也大幅贬值。汇率大幅贬值常常与利率上升和股市下挫有关，而汇率升值则常常与股市回暖和利率下降相关，如图 4-24（a）所示。印度 2013 年外商直接投资锐减，如图 4-24（b）所示，这与汇率大幅贬值有关，但是年底外资流入又再次推升了股市和汇率。而贸易赤字一直居高不下，2013 年赤字的减少则对汇率升值起了很好的正面影响，说明印度的对外贸易出口结构需要调整，赤字过大将会影响到其外汇安全。

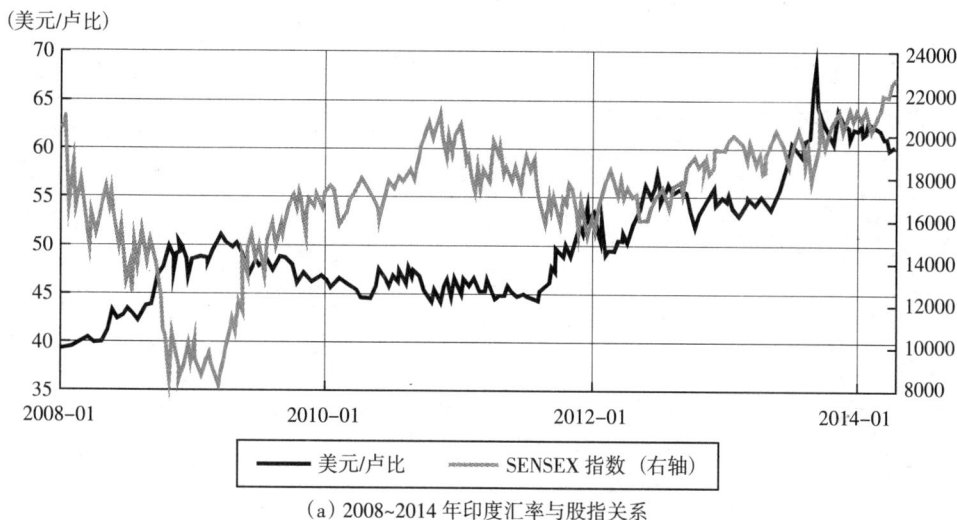

（美元/卢比）

（a）2008~2014 年印度汇率与股指关系

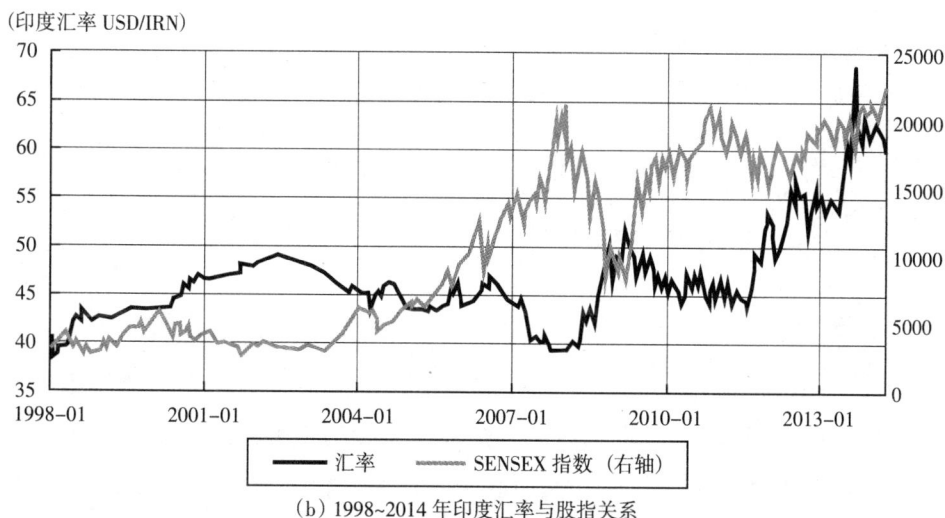

（印度汇率 USD/IRN）

（b）1998~2014 年印度汇率与股指关系

**图 4-24　印度汇率与股指关系**

### (二) 资本流动与房价指标

**1. 资本流入流出情况**

就印度的资本流入流出情况来看，2013~2014 财年，外商直接投资净流入增加非常大，由上一财年的 9 亿美元上升为 210 亿美元，包括流入 308 亿美元以及印度对外投资的 92 亿美元。在证券组合投资上，净流入由 93 亿美元下降为 48 亿美元，包括流入 50 亿美元和印度对外证券投资的 2 亿美元，如表 4-9 所示。可见外国资本看好印度经济，在这一财年较多地以直接投资的形式进入。

表 4-9 印度金融账户结构

单位：十亿美元

| | 2013 年 4~6 月 | 2013 年 7~9 月 | 2013 年 10~12 月 | 2014 年 1~3 月 | 2013 年 4 月至 2014 年 3 月 |
|---|---|---|---|---|---|
| 1. 净直接投资 | 6.5 | 8.1 | 6.1 | 0.9 | 21.6 |
| 1. a 流入印度 | 6.5 | 8.7 | 5.8 | 9.8 | 30.8 |
| 1. b 流出印度 | 0 | −0.6 | 0.3 | −8.9 | −9.2 |
| 2. 证券组合投资 | −0.2 | −6.6 | 2.4 | 9.3 | 4.8 |
| 2. a 流入印度 | −0.5 | −6.6 | 2.5 | 9.5 | 5 |
| 2. b 流出印度 | 0.2 | 0 | −0.1 | −0.3 | −0.2 |
| 3. 其他投资 | 14.1 | −4.6 | 14.6 | −4.3 | 19.7 |
| 3. a 现金和存款 | 5.7 | 8.2 | 21.6 | 3.9 | 39.4 |
| 投资准备金 （NRI deposits） | 5.5 | 8.2 | 21.4 | 3.7 | 38.9 |
| 3. b 贷款 | 5.9 | −5.6 | −1.7 | 0.3 | −1.1 |
| 3. c 保险和养老金 | −0.1 | 0.1 | −0.2 | 0.1 | −0.1 |
| 3. d 贸易盈余 | 2.5 | −1.9 | −1.2 | −4.5 | −5 |
| 4. 金融衍生品 | −0.5 | −1.6 | 0.8 | 3.4 | 2 |
| 5. 储备资产 | 0.3 | 10.4 | −19.1 | −7.1 | −15.5 |
| 6. 金融账户 （1+2+3+4+5） | 20.1 | 5.7 | 4.7 | 2.1 | 32.6 |
| 7. 净资本金融账户 | 20.5 | −4.8 | 23.9 | 9.1 | 48.7 |

资料来源：RBI。

**2. 房价指标及趋势**

目前在印度的普纳、金奈等新兴工业城市周边，较成熟的工业开发区土地年租金一般为 13 万~20 万元人民币一亩，租期 40~99 年不等。房屋租金非常高（如表 4-10 所示）。全球性房地产经纪商——世邦魏理仕公布的 2010 年半年调查结果显示，孟买市中心商业区办公大楼年租金为每平方英尺 130.41 美元，在全球大城市中排名第 4 位；新德里中心商业区康诺特广场则为 101.21 美元，排名第 11 位，印度硅谷班加罗尔中央商务区 A 级写字楼的租金为 74 卢比/平方英尺/月。

表 4-10 2008 年第一季度主要城市 A 级写字楼租金及空置率

| 城市 | 空置率（%） | 平均租金（卢比/平方米·年） | 租金较上年同期增幅（%） |
|------|------------|------------------------------|--------------------------|
| 新德里 | 4.9 | 37625 | 37 |
| 孟买 | 3.8 | 36000 | 17.6 |
| 班加罗尔 | 0.3 | 7499 | 17 |
| 钦奈 | 8.2 | 7240 | 8.4 |
| 海德拉巴 | 2.0 | 7435 | 42.9 |
| 加尔各答 | 1.4 | 14654 | 42.3 |

资料来源：JonesLang 研究报告。

## 二、印度的外汇流动指标及安全性

### （一）印度外汇储备指标

1. 官方外汇储备

从长期来看，外汇储备保持增长趋势，2008~2011 年外汇储备变化不大。2012 年以来，外汇储备由 2500 亿美元增加至 3000 亿美元，其上升趋势与印度贸易出口的趋势基本一致。截至 2014 年 3 月，印度官方外汇储备共 2986 亿美元，包括外汇资产 2713 亿美元，黄金储备 209 亿美元，SDRs44 亿美元，在 IMF 的头寸 18 亿美元。

2. 外债与外汇储备之比

印度外债与外汇储备之比在 2008 年之前一直呈上升趋势，2008 年到达峰值 140。此后一直下降，至 2013 年底为 69，印度外债余额占外汇储备的比重呈现下降趋势（如表 4-11 所示）。

表 4-11 印度的外债结构

单位：百万美元

| 外债构成 | 2012-03 | 2012-06 | 2012-09 | 2012-12 | 2013-03 | 2013-06 | 2013-09 | 2013-12 |
|----------|---------|---------|---------|---------|---------|---------|---------|---------|
| 全部长期外债 | 282587 | 283506 | 296783 | 300763 | 308203 | 306013 | 307629 | 333263 |
| 短期外债 | 78179 | 80451 | 84663 | 93349 | 96697 | 96759 | 94761 | 92707 |
| 1. 贸易融资 | 65130 | 70508 | 74641 | 82319 | 86787 | 89238 | 87376 | 86217 |

续表

| 外债构成 | 2012-03 | 2012-06 | 2012-09 | 2012-12 | 2013-03 | 2013-06 | 2013-09 | 2013-12 |
|---|---|---|---|---|---|---|---|---|
| 1.a 6~12 月 | 39182 | 45220 | 50373 | 56382 | 59021 | 61187 | 59528 | 59119 |
| 1.b 6 个月 | 25948 | 25288 | 24268 | 25937 | 27766 | 28051 | 27848 | 27098 |
| 2. 国外机构投资者投资政府债券和其他 | 9395 | 8268 | 8226 | 7436 | 5455 | 3137 | 2315 | 1401 |
| 3. 外国中央银行和国际机构投资国债 | 64 | 56 | 57 | 81 | 82 | 73 | 66 | 94 |
| 4. 对外负债 | 3590 | 1619 | 1739 | 3513 | 4373 | 4311 | 5004 | 4995 |
| 4.a 中央银行 | 170 | 174 | 188 | 165 | 181 | 191 | 161 | 133 |
| 4.b 商业银行 | 3420 | 1445 | 1551 | 3348 | 4192 | 4120 | 4843 | 4862 |
| 总计 | 360766 | 363957 | 381446 | 394112 | 404900 | 402772 | 402390 | 425970 |

资料来源：印度财政部，印度储备银行。

3. 短期外债与外汇储备之比

印度短期外债持续上升。2004~2005 财年短期外债与外汇储备之比上升到 10%，2010~2011 财年上升至 20%，2012~2013 财年上升至 30%。从整体来看，印度所有的外债包括长期和短期外债的总规模也在 3000 亿美元左右。外债以长期债务为主，占 70% 左右。

4. 进口与外汇储备之比

印度进口与外汇储备之比呈上升态势（如表 4-12 所示）。2007~2008 财年为 80%，2011~2012 财年已经升至 190%。2013~2014 财年，降至 140% 左右。印度进口主要是满足于能源需要的煤和石油，其他包括机械、宝石、肥料、化学品。其主要进口国为中国（占 12%）、阿联酋、瑞士、美国、伊拉克、科威特等国家。

表 4-12　进口和出口

单位：百万美元

| 项目 | 2010 年 4 月至 2011 年 3 月 | 2011 年 4 月至 2012 年 3 月 | 2012 年 4 月至 2013 年 3 月 | 2013 年 4 月至 2014 年 3 月 | 2014 年 2 月 | 2014 年 2 月环比变化 |
|---|---|---|---|---|---|---|
| 出口 | 251136 | 305964 | 300401 | 282777 | 25689 | -3.7 |
| 进口 | 369769 | 489320 | 490737 | 410863 | 33819 | -17.1 |

资料来源：印度商务部。

**(二) 印度可流动外汇负债与外汇储备之比**

"可流动外汇负债"相当于一年内到期的外币贷款、外币债务年利息、海外组合投资（股票和债券）累积本金，以及 6 个月至 1 年的进口总额等值的外汇总额。印度短期外债包括四部分：一是与一年以内的进口贸易相关的信贷；二是金融机构投资者投资的短期国债等；三是外国中央银行和国际机构投资的债券；四是中央银行商业银行对外的负债。印度的短期外债基本以贸易信贷为主，2013年各季度均占 90%以上，较为平稳。

1. 印度可流动外汇负债

（1）短期外债。2011~2012 财年，短期外债为 781 亿美元。其中，6 个月和 1 年期贸易信贷 651 亿美元，机构投资者投资政府债券 93 亿美元，中央银行和商业银行对外负债 36 亿美元。2012~2013 财年，短期外债为 967 亿美元。其中，6 个月和 1 年期贸易信贷 868 亿美元，机构投资者投资政府债券 55 亿美元，中央银行和商业银行对外负债 44 亿美元。

（2）海外组合投资。如表 4-13 所示，2012~2013 财年，印度海外投资组合 257 亿美元。其中，FIIs（机构投资者净投资）263 亿美元，GDRs（全球存托凭证）1.9 亿美元。2013~2014 财年，印度海外投资组合-3.7 亿美元。其中，FIIs（机构投资者净投资）-3.9 亿美元，GDRs（全球存托凭证）0.2 亿美元。

（3）一年进口总额。2012~2013 财年，进口总额为 4907 亿美元。2013~2014 财年，进口总额为 4109 亿美元。根据以上三项指标，印度可流动外汇负债总计如下：2012~2013 财年为 781 + 269 + 4907=5957 亿美元；2013~2014 财年为 967 - 3.7 + 4109 =5072.3 亿美元。

表 4-13　外资的组合投资

单位：百万美元

| 项 目 | 2012~2013 年 | 2012 年 4 月至 2013 年 2 月 | 2013 年 4 月至 2014 年 2 月 | 2013 年 2 月 | 2014 年 | |
| --- | --- | --- | --- | --- | --- | --- |
| | | | | | 1 月 | 2 月 |
| | 1 | 2 | 3 | 4 | 5 | 6 |
| 1.1　净 FDI | 19819 | 18997 | 20864 | 2210 | 436 | -83 |
| 1.2　净证券投资（1.2.1+1.2.2+1.2.3-1.2.4） | 26891 | 25721 | -372 | 4101 | 2585 | 1478 |
| 1.2.1　全球信托债券（GDRs）/美国寄存收据（ADRs） | 187 | 187 | 20 | — | — | — |
| 1.2.2　国外机构投资者 | 27582 | 26337 | -386 | 4176 | 2616 | 1509 |

| 项　目 | 2012~ 2013 年 | 2012 年 4 月至 2013 年 2 月 | 2013 年 4 月至 2014 年 2 月 | 2013 年 2 月 | 2014 年 | |
|---|---|---|---|---|---|---|
| | | | | | 1 月 | 2 月 |
| | 1 | 2 | 3 | 4 | 5 | 6 |
| 1.2.3　离岸基金及其他 | — | — | — | — | — | — |
| 1.2.4　印度的证券投资组合 | 878 | 803 | 6 | 75 | 30 | 30 |
| 1　外国投资流入 | 46710 | 44717 | 20491 | 6311 | 3022 | 1395 |

资料来源：印度财政部。

2. 印度可流动外汇负债与外汇储备之比

2012~2013 财年，印度外汇储备为 2934 亿美元；2013~2014 财年印度外汇储备为 2944 亿美元。因此，根据计算，2012~2013 财年印度可流动外汇负债与外汇储备之比为 5957/2934=203%；2013~2014 财年印度可流动性外汇负债与外汇储备之比为 5075/2944=172%。可见，从一年期来看，印度外汇的总需求大于总供给，其主要风险应该是贸易逆差较大。印度贸易逆差，2012~2013 财年为 1903 亿美元，2013~2014 财年为 1281 亿美元。

印度的经济基本面趋向好转，股市回暖，汇率缓升。但是从一年内的外汇潜在需求与外汇供给来看，还很不平衡，主要是由于贸易逆差较大造成的。外汇收支比较脆弱，在正常情况下，不会发生问题，但是如果国际金融市场发生大的震荡，就可能会发生支付危机。因此，印度应该采取的措施是减少贸易逆差，增加出口，增加外汇储备，增强外汇支付能力。

## 三、对中国的启示

### （一）外汇规模是安全保障

印度外汇储备的币种结构以及投资的期限方式都遵循安全性、流动性和盈利性原则，尽可能选择质量高的投资工具，并对投资组合的关键变量进行明确的限制，如限制证券种类、货币、交易对手等。外汇储备规模是保障外汇流动性安全的重要基础。目前印度的外汇流动性风险主要表现为两方面：一是印度的外汇流动性风险较高，如果短期资本流出过大，那么印度就会出现外汇支付危机；二是印度存在贸易逆差，其外汇储备规模较小，因此外汇流动性相对较脆弱。就目前看，受世界经济形势、卢比贬值等因素影响，印度对外贸易增长缓慢，由于进口增速大于出口，贸易赤字还在扩大。我国虽然外汇流动性较为安全，一年期的外汇流动性负债与外汇储备的比例在 79.6%，但是也有较高风险。外汇占款作为我国基础货币的主要投放方式，需要货币当局不断通过降低存款准备金等方式对冲回笼货币，以至于货币政策较为被动。而一旦经济开始下行，进入货币宽松的周期，由于资本回流美国和其他发达国家加速，外汇储备下降很快，降准降息释放的流动性也被资本外流对冲，使货币政策面临困境。这种隐性资金外流有进一步加速的趋势，这类资金外流难以用监管手段加以控制，可能会影响到金融稳定。如何管理外汇流动是面临的重要问题。

我国也应当借鉴印度的积极做法，针对我国外汇安全性的实际问题，在外汇管理上进行积极改革。应当调整外汇储备的资产结构。可以根据国际货币汇率变化的趋势来前瞻性地优化外汇储备的币种结构。在 2015 年，全球流动性过剩、美国加息预期、我国利率较高及各项改革带来资本市场价格大幅变动，都可能导致国际资本进出加剧，监管难度增大，目前托宾税已经在讨论之中，如果开征，则会增加短期资本的进出成本。

**（二）提前偿还部分外债，减轻将来还本付息的压力**

印度根据外汇储备充裕性，做提前偿还外债的安排。例如，2003 年 2 月印度提前返还了亚洲开发银行和世界银行 30.3 亿美元的高成本外币贷款；2003~2004 年总共返还 37 亿美元；2004~2005 年返还 3030 万美元；2006~2007 年只有 2006 年 4 月返还了 5870 万美元； 2007~2008 年和 2008~2009 年没有任何返还款。在现有外汇储备较充裕的情况下，提前偿还外债可防止偿债年份的过分集中，减缓对国民经济发展的冲击，提高了偿还外债的主动性。此类经验对我国具有借鉴意义，美元现在处于升值周期，在偿还外债的安排上，这种做法无疑具有积极的借鉴意义。

**（三）加强战略资源储备**

印度非常重视使用外汇储备进行战略资源储备。随着社会经济发展加速，石油和天然气需求迅速上升，印度已成为世界第五大能源消费国。为保证国家能源安全，促进社会经济发展，在国外开辟石油和天然气来源成为印度社会经济发展的长远战略。2004 年 6 月，印度石油天然气公司（ONGC）向苏丹大尼罗河石油公司投资 7.5 亿美元，与苏丹签署总值 1.98 亿美元铺设从首都喀土穆（Khartoum）到苏丹港输油管道的协议；还投资 8 亿美元在苏丹港成立一家合资炼油厂，并获得 5A 和 5B 两个新油区。2004 年 8 月，印度石油公司（IOC）以 6 亿美元购买印度尼西亚石油天然气公司（MEDCO）40%的股份。为确保本国对石油天然气的需求，印度政府对俄罗斯、波斯湾、非洲、南美洲等国家和地区开展石油外交工作。2007 年 4 月，塔塔电力公司以 11 亿美元现汇购得马来西亚三家煤矿（卡尔提姆普利牟煤矿、亚鲁特敏煤矿、卜密资源公司）30%的股份，2011 年起每年可购买卡尔提姆普利牟煤矿 1000 万吨煤。印度第三大钢铁公司 JSW 于 2007 年耗资 9 亿美元在美国收购了 3 家钢铁厂。2010 年 6 月，印度 JSW 能源公司位于阿联酋迪拜的 OshoVenture FZCO（Osho）公司以及印度 Ocean Mining（Pty）公司收购 Osho 公司旗下 IOC 70%的股权。

对比我国情况，我国是一个生产性资源严重匮乏的发展中国家，随着我国经济的迅速发展，我国进口资源量不断上升。但我国在重要资源市场上缺乏定价能力，这与我国缺乏战略资源储备有着不容忽视的关系。我国人口众多，许多资源的人均占有量都低于世界平均水平，所以借鉴印度这方面的经验，建立战略物资储备就显得更为重要。为此，对于一些不可再生的资源，如石油、稀有金属等，应当密切关注国际形势的变化情况，选择和利用价格波动的有利时机，积极扩大采购。通过扩大资源进口、增加战略性储备等形式，换取石油、天然气、木材等战略资源，来满足国民经济发展和国防建设对战略性物资的长远需要。

总之，中印作为最大的发展中国家，在经济发展中可以互为借鉴，互相吸取教训和借鉴经验。印度对外汇流动性安全注重积累外汇储备规模应对金融风险，而我国注重外汇储备的使用和投资收益。两国可以在未来加强经贸合作，中国可以继续加大对印度的进口，可以利用亚投行对印度的基础设施进行投资。中印可以互利合作共赢，在世界经济中心转向亚洲的机遇中共同发展。

# 第四节 中国加强外汇流动性安全的建议

综合我国外汇流动性安全的实际情况，并结合韩国和印度的经验，发现建立完善的外汇流动性安全机制非常必要。

## 一、控制外汇流动性风险

外汇储备规模是保障外汇流动性安全的重要基础。目前外汇流动性较安全，一年期的外汇流动性负债与外汇储备的比例在 79.6%，安全系数比较高，但是仍然也有较高风险。目前外汇储备余额为 3.8 万亿美元，占全世界 1/3，这本是巨大优势，但由于投资方向单一，外汇占款作为我国基础货币的主要投放方式不断引发通货膨胀，高额的外汇储备成为沉重负担，外汇储备资产投资收益差也成为巨大困扰。2014 年前三个季度的对外投资年收益率为 6.3%，对外负债年收益率为 12.6%，投资收益总体为负，原因是我国对外金融资产以高流动性、低风险的储备资产为主，但对外负债却是高回报的外国来华投资。因此，我国急需寻找外汇储备的有效投资和适应国际货币金融体系变化的新途径，分流外汇储备，优化对外投资结构，提高投资收益水平。我国也应当借鉴印度的积极做法，针对我国外汇安全性的实际问题，在外汇管理上进行积极改革。

目前，我国资本外流较为明显。2014 年第四季度，资本外流达到了创纪录的 910 亿美元。这些资金外流包括企业解除外币债务造成资金外流、中国居民继续增持外国资产或外方继续减持海外人民币资产，这种大规模资金外流的情况可能持续，这也是目前人民币面临的主要风险。资本外流主要包括两个方面：一是主要反映在资本和金融账户中的"其他投资"项下，短期资产净流出比重过大。2014 年前三个季度，"其他投资"项下净流出 1289 亿美元。其中，资产净流出 2297 亿美元，负债净流入 1108 亿美元。而流出资金多为短期性资金，包括货币存款流出 1318 亿美元，高于贸易信贷和贷款总和，说明境内机构投资增加了以货币和存款方式的对外资产配置。2014 年第三季度，"其他投资"一项的逆差就高达 772 亿美元，比经常项目顺差 722 亿美元还要大。二是净误差与遗漏的不断增加，反映出我国隐性资金外流增多。我国国际收支平衡表中用以保持收支平衡的净误差与遗漏项目自 2010 年以来已累计达到-3000 亿美元以上，而 2014 年第三季度更是创下-630 亿美元的纪录。这种隐性资金外流有进一步加速的趋势，这类资金外流难以用监管手段加以控制，可能会影响到金融稳定。

## 二、有效管理外汇储备

有效管理外汇储备包括三方面内容。一是把流动性与收益性原则相结合，寻求流动性与收益性之间的平衡点。我国外汇储备充足，可以较为从容地应对资本外逃的冲击。建议动态界定外汇储备规模，并进而确定富余储备规模。将适度储备和富余储备分别管理，对于最优规模类的外汇储备，以流动性为管理目标；对于超过最优规模之外的外汇储备，建立积极的管理模式，通过专业投资公司进行运作以追求收益率。二是妥善安排外汇储备的资产结构。根据国际外汇市场上主要国际货币汇率变化的变动趋势，借美元升值之机，前瞻性地优化外汇储备的币种结构。三是继续推进外汇管理改革。我国国际收支不平衡状况已有显著改善，但体制机制问题并未完全解决，深化外汇管理改革要制订改革总体方案，结合国际收支形势逐步重点推进。

## 三、考虑建立外汇稳定基金

韩国利用外汇储备建立了外汇稳定基金来平抑其外汇市场的价格剧烈波动。对比我国，2015 年 8 月汇改引起市场对人民币长期贬值的预期，央行对外汇市场进行了较大幅度的干预。2015 年 8 月央行使用了 1200 亿美元外汇储备对人民币在岸市场和人民币离岸市场汇率进行干预，人民币贬值的恐慌暂时遏制住，目前市场情绪较为稳定。从这个层面上看，我国应当借鉴韩国利用外汇稳定基金来防止汇率大幅波动的经验。例如，中国外管局可以考虑设立外汇平准基金，通过对具体外汇市场的逆向操作，降低非理性的市场剧烈波动，以达到稳定外汇市场的目的。

## 四、建立能源资源储备

印度非常重视使用外汇储备进行战略资源储备。而中国也是一个生产性资源严重匮乏的发展中国家，随着经济迅速发展，进口资源量不断上升，但是在重要资源市场上却缺乏定价能力，处处被动，这与缺乏战略资源储备不无关系。所以借鉴印度这方面的经验，建立战略物资储备就显得更为重要。中国可以对于一些不可再生的资源，如石油、稀有金属等，选择和利用价格波动的有利时机，积极扩大采购，通过扩大资源进口、增加战略性储备等形式，换取石油、天然气、木材等战略资源来满足国民经济发展和国防建设对战略性物资的长远需要。

## 五、加强对短期资本的双向监管

跨境短期资本流动的双向监管。短期国际资本通过相关渠道已经进入我国的证券和房地产等领域进行投机套利，潜在风险不可小视，应未雨绸缪，采取应对措施。未来由于全球量化宽松政策依然存在，人民币作为相对高息货币，国际资本仍会不断进入我国套利交易，而美联储可能于 2015 年 9 月后的加息预期也会引起全球资本流动的大幅震荡，短期资本可能还会加速外流，境内企业也将面临债务去美元化压力。同时地缘政治冲突等突发事件也将给我国跨境资本流动带来较大不确定性，尤其短期资本大进大出，会带来人民币汇率的剧烈波动，影响我国的货币安全，因此要格外关注短期资本流动的风险。2015 年，全球流动性过剩、美国加息预期、我国利率较高及各项改革带来股票市场上扬，都可能导致跨期短期资本流出和流入加剧，增加监管难度。因此，应继续完善跨境资本流动风险监测预警指标体系，健全外债和跨境资金流动管理体系，考虑开征金融交易税，增加短期资本的进入成本，抑制短期资本的频繁流动。

综上所述，韩国和印度作为发展中国家中资本市场对外开放程度较高的国家，它们对外汇流动性安全注重积累外汇储备规模、注重建立风险管理机制应对金融风险，也注重外汇储备的使用和投资收益，这些经验都非常值得中国借鉴和学习。未来中国应当继续加强与韩国、印度等发展中国家的经贸和金融领域的合作，继续利用亚投行对印度的基础设施进行投资、与韩国加强投资和金融方面的合作，在世界经济中心转向亚洲的机遇中与各国实现共同发展。

# 第五章　现实因素一：美元加息周期的影响

人民币汇率形成机制改革，增加了人民币贬值的预期，对全球金融市场的影响出乎意料，但是随着人民币国际化推进，对新兴市场国家的货币影响也越来越大。

## 第一节　人民币汇率形成机制的改革及人民币汇率风险

如果美联储 2015 年 9 月加息，我国外储将加速下降，或者年底进入加息周期，而欧盟、日本仍然是货币宽松政策，我国随着货币宽松导致利率下降，资本流出加速，降息和股市下跌都会刺激投资者将资金投往海外。由于经济增速减缓，而美元不断升值，人民币贬值预期较明显。

### 一、人民币汇率形成机制改革和汇率贬值风险

2015 年 8 月 11 日，央行宣布调整人民币汇率中间价形成机制。新的人民币汇率中间价将参照上一个交易日的人民币汇率收盘价而设定，同时也将考虑人民币外汇市场的供需状况和国际主要货币的汇率走势。这是自 2005 年 8 月中国汇改以来人民币中间价形成机制的最大变革，是迈向更灵活汇率形成机制的重要一

步，可以减轻中国目前所面临的货币政策困境。此次人民币汇率形成机制改革主要有以下原因。

首先，由于以往的汇率制度使得中国的货币政策逐渐丧失独立性。根据"三元悖论理论"，在货币政策独立、资本自由流动和汇率稳定这三个目标中，央行只能实现两个目标，三个目标不可能同时实现。中国已经承诺了尽快实现资本账户基本可自由兑换，这是不可逆转的，而中国也不可能放弃货币政策的独立性，不可能长期维持人民币汇率在稳定水平。因此，只有采取更灵活的汇率制度来获得货币政策的独立性。

其次，美元因素始终是重要的影响因素。美联储在年底可能加息，美元在去年底进入了上涨通道，还会不断走强。如果继续维持人民币汇率稳定，则需要人民币也随之不断升值。据国际结算银行数据，2014 年 6 月以来，中国的贸易加权名义有效汇率升值了 13.5%，出口竞争力大幅下降，这也造成了 2015 年以来出口开始出现负增长。

最后，汇率改革有助于人民币纳入 SDR 一篮子货币。IMF 在 8 月 4 日报告提到人民币汇率中间价"未基于市场交易状况设定，偏离境内市场汇率水平最多可达 2%"。近年由于人民币中间价与境内即期汇价出现较大偏差，人民币中间价作为央行用来管理市场预期的一个重要工具在很大程度上失去了意义，人民币汇率中间价需要能够反映市场的汇率水平。新的人民币中间价将进一步反映国际主要货币的汇率变化。2005 年汇改后，人民币汇率参照一篮子货币来设定，如果使用占中国贸易 70% 的国家和地区 11 种货币和 IMF 特别提款权（SDR）的 4 种货币来构建一篮子货币，人民币实际汇率并未跟随一篮子货币变化。在全球金融危机期间，包括欧元、日元、澳元和其他货币在内的一篮子货币的波动性很大，1 个月平价期权隐含波动率在金融危机期间平均达到 20%，2008 年 9 月至 2010 年 6 月这些货币的波动率平均在 10% 左右，但全球金融危机期间人民币汇率的相关波动率则仅为 5%，金融危机之后其波动率下降至 2%。原因在于中间价的严格约束及央行对汇市的大量干预。因此，人民币的汇率浮动区间未来可能继续扩大到 3%~5%，时机成熟可以取消，这样才能使人民币汇率真正自由浮动。

## 二、人民币汇率贬值预期的风险分析

人民币过去一直被认为有升值预期，因为中国经济长期高达 9%~10% 的增长。中国对大宗商品的进口需求持续上升是造就过去大宗商品价格牛市的根源，随着中国经济下行，对大宗商品需求增速显著下降，对全球大宗商品市场造成显著冲击。由于人民币兑美元汇率保持基本稳定，全球投资者预期中国央行致力于推进人民币国际化应该能够维持人民币兑美元的相对稳定，因此人民币套利套汇交易盛行。随着 2015 年 8 月中国人民银行改变人民币汇率定价机制，人民币汇率明显下行，套利交易投资者遭遇了不小损失，这些投资者风险偏好下降，将会造成股市、汇市、大宗商品市场等风险资产价格显著下调，而美元与发达国家国债市场等避险资产价格则显著上升。就目前来看，人民币汇率还受到远期汇率下降、外汇储备减少和衰退性顺差影响，贬值风险仍长期存在。

衰退性顺差将影响汇率稳定。我国数年经常账户和资本账户双盈余，人民币升值压力较大。如今经常账户盈余收窄，资本流动明显转向。就贸易顺差看，2015 年 8 月我国出口 1.2 万亿元，下降 6.1%；进口 0.84 万亿元，下降 14.3%；顺差 3680 亿元，扩大 20.1%。在出口继续低迷，内需极度疲弱的情况下出现的顺差被称为"衰退性贸易顺差"，这种出口不断下滑而仍然保持的贸易顺差显然并不利于汇率稳定。如果要对出口形成刺激，须大幅贬值 10% 以上，但目前不可行，人民币汇率的长期贬值也不利于人民币国际化和资本投资海外。

汇差带来的套汇风险。人民币远期汇率即人民币无本金交割远期（NDF）汇率基本上可视为由供需决定的市场均衡汇率。香港离岸人民币外汇市场受政府管制少，具备像新加坡元、泰铢等亚洲货币的特性，是全球外汇市场的一部分。但人民币远期汇率低于在岸即期汇率反映了对人民币汇率的贬值预期，2015 年 8 月 12 日汇差超过 600 点，9 月 7 日超过 1100 点，9 月 14 日在央行干预下缩小至 475 点。一些投资者选择做空人民币各类产品，现期按一定汇率以美元为抵押获取人民币，在到期日按先前汇率结算获利。有真实贸易背景的企业也由于汇差较大，倾向于境外结汇，境内购汇，收益较为丰厚。

外汇储备下滑明显。外储储备下滑非常明显，2014 年外汇储备增加额仅为 117 亿美元，自 2014 年 6 月冲至 3.99 亿万美元之后，仅 2014 年 8 月、2015 年 4 月为正增长，其余月份均为负增长。2015 年 8 月外汇储备官方数字流失了 939 亿美元。

资本加速外流的趋势和风险。如果 8 月外汇储备减少 939 亿美元，去掉贸易顺差 3680 亿元（584 亿美元），还尚未去掉 FDI，资本净流出就已超过 1500 亿美元，创下惊人的历史最高，实际流出可能更多。而之前 2014 年 6 月至 2015 年 6 月资本外流总额也超过 5000 亿美元（不含债务清偿部分）。若资本持续外流，外汇储备不断下降，就如 1998 年东亚金融危机，因很多外资提前进入这些原本高速增长的国家，一旦经济恶化，外资撤出这些国家导致其货币和国内资产价格崩溃。虽然我国外储仍居世界第一，按照国际上各种标准测算足以应付各项职能。但若资本外流加速，外储下降太快，人民币面临的贬值风险骤然增大。因此，必须控制资本流出规模，目前国家外管局对外汇交易业务的监管已经收紧至资本项下，要求上海各外汇指定银行自查全部境外直接投资外汇业务，此前还要求上海、广东等地金融机构加强各项外汇业务监管，严控外汇流出。未来我国一段时间仍处于汇改"磨合期"，资本外流加速，通过加强监管来防范跨境资本流动的风险非常必要。

人民币汇率形成机制改革将进一步反映人民币的市场供求关系，有助于帮助我国的货币政策脱离困局，但人民币汇率走势还需要谨慎管理。

## 第二节　美元加息和新兴市场货币的脆弱性

人民币汇率贬值造成新兴市场货币大幅下挫。新兴市场当前存在的重大问题是人民币贬值后，其他经济体随后也在较大市场抛售压力下被迫贬值。哈萨克斯坦坚戈在政府实行自由浮动汇率政策之后暴跌 26%。俄罗斯、加纳、哥伦比亚、几内亚、土耳其、白俄罗斯、马来西亚、阿尔及利亚的货币贬值幅度至少都在 4%。货币贬值幅度在 3% 以上的国家则高达 17 个。事实上，所有新兴市场国家货币都发生了贬值。人民币大幅贬值加速了新兴经济体货币竞争性贬值的节奏。摩根士丹利在 2015 年 8 月中旬提出，在人民币贬值之后，有九种货币将因此面临最大风险：南非兰特、巴西雷亚尔、泰铢、新加坡元、中国台湾地区货币、智利和哥伦比亚比索、俄罗斯卢布、韩元、秘鲁索尔。但是新兴市场货币的脆弱性主要还是和美元加息有关。

## 一、美元曾经引发新兴经济体的金融危机

美联储将进入加息通道，市场预期将在年底加息。虽然加息的靴子尚未落地，但新兴市场货币已经轮番贬值、股市持续下跌，可见市场对美联储加息的担忧。历史上，美联储收紧货币政策后新兴经济体的确危机频发，从 1980 年至今爆发的数次金融危机来看，与美联储收紧货币政策关系密切。例如，20 世纪 80 年代美国联邦基金利率接近 20%，1982 年爆发了拉美国家的债务危机。80 年代末，美联储基金利率接近 10%，亚洲的韩国和中国台湾地区的房地产和股票市场泡沫破裂。1993 年美联储收紧货币政策，触发了 1994 年的墨西哥比索危机，在其持续加息至高点时，国际资本流动发生剧烈波动，引发了 1997 年东亚金融危机、1998 年俄罗斯危机、1999 年巴西金融危机。2001 年美联储货币政策收紧，阿根廷发生了债务危机。

虽然引发金融危机的因素是综合性的，但是根源都在于美元的特殊地位。美联储加息引发了大宗商品价格、新兴市场国家与美国的利差和汇率变动，传导向贸易和跨境资本流动，使得新兴市场国家的国际收支状况恶化，偿债压力激增，并挟持了货币政策，引发了金融危机。

美元走强将压制大宗商品的价格。美元作为全球主要大宗商品定价的国际货币，其走势成为影响国际商品市场的一个非常重要的因素。随着美元的持续升值，以美元报价的商品价格与美元汇率之间表现出较强的负相关性：美元贬值时，商品价格上涨；而美元升值引发商品价格下跌。受美国经济复苏的带动影

响，美联储采取加息，美元不断走强，促使大宗商品价格不断走低，尤其是加剧了石油市场的油价下跌。由于美国经济的不稳，加上世界其他国家与地区的通缩压力较大，使得一些地区如欧盟还在采用货币扩张政策，这也加剧了美元的上涨。未来美元的持续上涨必将推动油价下跌。

从利差来看，美元地位决定了美联储的加息政策和国际资本流动的方向，美联储加息后与新兴经济体的利差收窄，资金快速流出新兴经济体国家转而流向美国。

从汇率来看，如果盯住美元则跟随美元升值，不仅耗费大量外汇储备，出口竞争力也会大幅下降。如果外汇储备有限而又经济状况恶劣，则可能导致汇率制度崩溃；如果任由货币汇率贬值，但是资金外流加速，也会导致经济最终遭遇危机。因此，主动实施策略使货币适度贬值从而改善国际收支平衡还是较好的应对。

## 二、新兴经济体受到的不同影响

俄罗斯、巴西、墨西哥、阿根廷、沙特等国家经济基本面恶化较明显。一般来说，有活力的国家带来的资本回报率也会很高。从经济增长来看，目前保持高速增长的有中国、印度、印度尼西亚；维持稳定但不太高的经济增速的有南非、土耳其、韩国、中国香港、沙特阿拉伯；经济增长接近停滞的有俄罗斯、阿根廷、巴西。汇率是一国经济的基本反映，快速恶化或者贬值预期都会导致资本快速流出。目前资源或石油净出口国：俄罗斯、巴西、沙特、墨西哥等国由于大宗和原油产品的下跌，经济增长都受到极大拖累。

俄罗斯、墨西哥、沙特和中国香港的货币贬值压力更大。从汇率看，沙特和中国香港是仅有的盯住美元的固定汇率的国家。沙特盯住美元是因为以美元定价的原油占其公共收入比重非常大，虽然盯住美元维持汇率使得其外汇储备下降较快，但是从其目前的财政状况和外债情况综合来看，沙特政府能够应对。中国香港由于其有 1997 年港元被索罗斯阻击时成功保护港元汇率的经验，其完善的制度和抗风险能力较强，香港政府有加强维护汇率制度的决心。如果观察 2014 年8 月至 2015 年以来新兴经济体在美元升值后的不同表现可以看到，货币贬值较大的是大型经济体和俄罗斯、墨西哥等油气出口国，而印度、韩国、泰国、中国等油气进口国的货币变化相对较小。除了沙特和中国香港的汇率固定以外，人民币还是有所升值的。汇率的变化其实是反映了大宗商品受美元的影响，俄罗斯、巴西、墨西哥、土耳其等国的实际有效汇率有所下降。

巴西、印度尼西亚、南非、土耳其的偿债能力较弱。由于中国、沙特、中国香港、俄罗斯具有较大规模的对外债权，而韩国、南非的对外净债权或净负债都比较小，印度、墨西哥、巴西、印度尼西亚和土耳其的外债占 GDP 的比例较高。一般来说，对外负债越少，对外净债权越高，对外抵抗冲击的能力越强。因为美元升值后偿债压力会增大，加速还债也会带来资本外汇和货币贬值的压力。而南非、土耳其、墨西哥则是储备资产较低。

综合上述分析，考虑经济基本面、贸易状况、外债情况等因素，可以看到，巴西、印度尼西亚、南非因为偿债能力弱所受冲击会比较大，阿根廷、墨西哥因经济基本面的恶化也需要关注。

而中国的情况相比来看就要好得多，如第四章已经分析过，较高的经济增长，充足的外汇储备供应，足以应对外汇流动性的冲击，而且中国的经济基本面在新兴国家中仍然是较好的，可见中国发生危机的概率比较低。

## 三、从人民币和美元的变化看中美关系

美元在国际货币体系中的主导地位有所下降，而人民币与国际金融市场的关系却似乎变得更为密切，在 2015 年人民币汇率改革带来了全球金融市场的动荡可以看出这种变化。这实际上也反映了中国和美国在全球治理秩序中的地位变化。

在全球经济秩序中的政治领域和金融领域，国际合作都在下降。世界贸易组织自 1994 年以来没有在重大贸易谈判中达成一致，金融领域中的布雷顿森林体系的两大机构——国际货币基金组织和世界银行已失去了垄断地位，而在 2008 年金融危机中脱颖而出的 20 国集团似乎也迷失了国际合作的方向。而过去，全球金融秩序中美国的全球角色是有清晰共识的，即华盛顿共识，建立在有效市场假说和理性选择理论的基础上，布雷顿森林体系也基于此，美元成为世界储备货

币之后，国际货币基金组织曾发挥了有效管理的功能，推动了自由贸易和金融市场的全球化。但是放任和不受监管的金融市场具有内在的不稳定性，无法保证全球资源最优配置，还频频产生金融危机，2008年的金融市场崩溃清晰地展示了这一点。美国政治和经济霸权都面临严重挑战，全球金融和政治走向瓦解。

2008年金融危机给世界所有经济体都带来了长期性负面影响，首先波及到欧盟，随后蔓延到整个世界。当时为避免全球大萧条，美国等发达国家奉行量化宽松等非正统的货币政策，向市场大规模注入资金希望阻止有效需求的减少而带来的全球性经济衰退。但是欧元危机随之发生，由于欧元区有共同的央行但没有共同的财政部，随着希腊、意大利和爱尔兰等国的内部危机导致欧元危机恶化，致使欧盟从一个建立平等自愿原则上的共同体演化成债权国和债务国的关系，政治局势越来越紧张。欧盟纠结于其内部问题而未能在国际经济中发挥应有的作用。美国也开始关注自身内部。欧美都在向内向型转型，致使国际合作在全球都呈下降趋势。

只有中国在本轮金融危机中保持例外。由于中国的银行体系相对独立于世界其他地区，因而免于受到冲击，中国通过高速的投资和出口保持了经济高速增长，成为全球经济的动力来源。在全球范围内的国际治理都变得脆弱的过程中，中国于2009年开始了人民币的国际化并不断取得进展，中国主导之下的亚投行也已经成立，以中国为主导的新体系正在成长和成型，正在建设的平行于IMF与世界银行的新体系包括亚洲基础设施投资银行、亚洲债券基金、金砖国家新开发银行以及建立亚洲区域性货币互换网络的清迈协议。这个不断成长的新体系与旧体系之间是冲突还是合作，不仅取决于中国如何管控自身的经济转型，也取决于美国如何应对中国的转型。

目前，"跨太平洋伙伴关系协议"和"跨大西洋贸易与投资伙伴协议"都在谈判中，中国均被排除在外。事实上这两大伙伴关系本来的构想是建立由美国领导的反华联盟，而在国际货币基金组织中，美国、英国、法国和德国不愿意增加发展中国家在其中的代表性和发言权，这些国家还不肯承认各经济体相对权重的改变，尤其是中国等新兴经济体的崛起。2015年底国际货币基金组织将开启五年一度的特别提款权货币篮子成分审核。特别提款权是一种1969年由国际货币基金组织创设的国际储备资产，以补充成员国现有的官方储备。人民币还不完全具备纳入特别提款权货币篮子的资格，目前的准入标准主要有两条：一是出口大国，二是货币"可自由使用"。"自由使用"经常被理解为实现资本账户完全可兑换，以及增强汇率的灵活性。但回顾历史，准入资格也并非那么严苛。当日元进入货币篮子时，还不是外汇交易中的常见货币；当瑞士法郎进入时，法国的资本账户还处于严密控制之下；当里亚尔进入时，沙特货币完全与美元汇率挂钩。可见，特别提款权货币篮子以前接纳过资本账户不可兑换以及部分可兑换的货币。

2015年8月汇率改革使人民币汇率制度更具市场化，力争让人民币进入特别提款权货币篮子。国际货币基金组织就特别提款权货币篮子达成决议需要董事会70%的多数票，主要取决于拥有否决权的美国。中国寻求使人民币获得特别提款权地位，是希望通过金融自由化促进本身的经济增长。中国希望向国际投资者开放政府债券市场，也希望通过促进债务转换为股权来降低过高的杠杆率。人民币进入特别提款权货币篮子将促进这一进程，能提升人民币在世界上的权重和影响力。人民币国际化稳步推进，美元的霸权地位将受到挑战，因此反映的其实是世界经济格局的变化。

# 第六章 现实因素二：人民币参与国际货币体系改革

现行以美元为主导的国际货币体系带来了包括世界经济失衡、金融危机周期性出现、新兴经济体的货币风险等一系列问题，促使对现行国际货币体系不断进行反思。美元目前仍居主导地位，但其地位会逐渐减弱，国际储备货币将由单极向多极变化，国际货币互换制度、区域货币合作都成为未来国际货币体系的显著特征。中国要参与国际货币体系重塑，其实也是不断推动人民币国际化的过程，首先要明确国际货币体系改革的方向，其次中国要推动金融改革开放，推进人民币逐渐成为国际储备货币体系的一员。

## 第一节 国际货币体系对世界经济的影响

### 一、从布雷顿森林体系到牙买加体系的演变

国际货币体系是各国为适应国际贸易与国际支付的需要，对货币在国际范围内发挥世界货币职能所确定的原则、采取措施和建立的组织形式的总称，其内容包括：确定主导货币或国际储备货币；确定世界及各国货币的汇率制度；确定资金融通机制；确定有关国际货币金融事务的协调机制。

第二次世界大战终结了国际金本位制度并催生了布雷顿森林货币体系。布雷

顿森林体系实质是一种以美元为中心的国际货币体系，即美元与黄金挂钩，其他国家的货币与美元挂钩，实行固定汇率制度。但因为存在"特里芬难题"，即如果美国国际收支保持顺差，国际金融市场将出现美元短缺；如果美国国际收支持续逆差，市场将对美元信心下降，终将动摇美元的国际地位。因此，20世纪70年代初，美国爆发美元危机，并宣布放弃维持黄金和美元的比值义务，其他国家纷纷宣布不再继续履行货币平价义务，至此，布雷顿森林体系瓦解。

1976年IMF通过"牙买加协定"，诞生了牙买加体系。其特点是货币大量黄金化为既定事实，美元成为未制度化的主要本位货币，多元化的国际储备体系还包括欧元、英镑、日元、黄金、特别提款权等；全球固定汇率制度崩溃，汇率调节依赖市场机制自发作用，汇率安排多样化，包括固定汇率制、浮动汇率制或盯住某一种主要货币或一篮子货币的汇率制度（包括单独浮动、联合浮动、盯住浮动制、管理浮动制等）；大国之间缺乏制度化的货币合作，实际是一种国际放任自由的制度，国际收支调节机制多渠道，成员国可以运用汇率机制、利率机制、IMF的短期贷款与干预、国际金融市场及商业银行的融资等多种手段对国际收支进行调节。

建立什么样的国际货币体系才能保持全球金融稳定、促进世界经济发展？从理论上讲，首先，国际储备货币的币值应有一个稳定的基准和明确的发行规则以保证供给的有序；其次，其供给总量还可及时、灵活地根据需求的变化进行增减调节；最后，这种调节必须是超脱于任何一国的经济状况和利益。当前以主权信用货币作为主要国际储备货币显然难以达到目的。

## 二、现行国际货币体系的负面影响

现行国际货币体系带来的一系列问题包括：世界经济失衡、金融危机、债务危机、各国对跨境资本流动监管的困难等，这些问题促使我国对现行国际货币体系不断地进行反思。

### （一）世界经济周期性失衡

自1944年布雷顿森林体系建立以来，美国一直处于国际货币体系"核心国"

位置。由于美元充当国际货币，不仅不能解决"特里芬难题"，还导致美国经常账户出现周期性变化特征：美国通过贸易逆差向外输出美元，当美元积累到一定程度，美元不得不对其他货币贬值，一段时间后，美国经常账户重归平衡，然后通过贸易逆差再输出货币，形成一个"逆差（失衡）→贬值（平衡）→再逆差（再失衡）再贬值（再平衡）"的周期性循环，周而复始地表现为一定程度和范围的国际经济不平衡。20世纪60年代以来，美元大体上经历了三次周期性平衡。

第一次周期性平衡：20世纪60年代中期至20世纪70年代末。美国贸易顺差持续降低。到1971年，美国经常项目余额与国内生产总值（GDP）比率首次降到零以下，美国主要通过对外投资向其他国家输出美元，当时的贸易顺差集中在西欧。进入20世纪70年代，布雷顿森林体系解体，美元大幅贬值，其经常项目得以缓解，其余额与GDP比率基本维持在零的水平小幅波动。

第二次周期性平衡：20世界80年代至20世纪90年代中期。当时美国经常账户余额再一次下降，一度达到-3%~-4%的水平，日本和主要欧洲国家在这一轮周期中成为最大顺差国。但是，1985年的"广场协议"迫使美元兑日元和德国马克等货币急剧贬值。到了20世纪90年代初期，美国经常账户余额与GDP比率又一次恢复到了零的水平。

第三次周期性循环：从20世纪90年代中期开始，至今仍未结束。尤其是在亚洲金融危机之后，美国经常账户余额与GDP比率从1997年的-1.6%一路下跌，直到2004年的-5.7%，美国经常账户赤字达到全球经济账户盈余的75%。在新一轮周期里，顺差转移到东亚，中国贸易顺差最大，突出表现就是中国与美国经济不平衡，造成全球金融体系、特别是新兴市场国家金融的不稳定，导致了2008年的全球性金融危机，引起了严重的全球经济不平衡。[①] 在这一轮循环中，涉及国家规模更大，美国的经常项目逆差逐渐修复，目前经常账户余额占GDP的比例已经到-2%左右，如图6-1所示。

---

① 徐洪才. 变革的时代——中国与全球经济治理 [M]. 北京：机械工业出版社，2014：126.

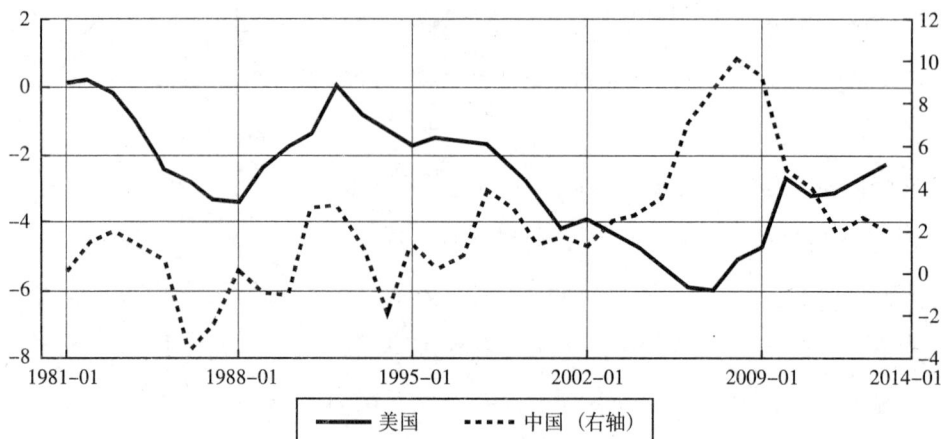

图 6-1　1981~2014 年美国与中国的经常项目余额与 GDP 比率的对比

资料来源：U.S. Bureau of Economic Ananysis。

世界经济的周期性失衡，并非源于货币或财政政策失误，而是现行国际货币体系给世界经济带来的结构性缺陷所导致。美国与德国、美国与日本、美国与中国都在这种失衡格局的两端。无论是美国债务还是中国外汇储备的持续增长，都是现行国际货币体系的结构性缺陷的必然后果。由于现行国际货币体系事实上是美元本位制，国际贸易、商品定价和外汇储备用的大部分是美元。美元本位制下，发行货币的担保是美国政府的信用而非黄金。为保持美元强势，需要保持国际收支顺差；但是作为储备货币，又要求其通过国际收支逆差源源不断地向世界输出。"特里芬悖论"仍然存在。如果美国发行美元是因为世界贸易需要交易手段，而其他国家尤其是发展中国家持有大量美元则是因为没有其他有效的财富储存手段。可见"特里芬悖论"仍然是造成今天国际失衡的主要原因，美元的国际货币地位导致了国际失衡的周期性存在。

**（二）金融危机周期性爆发**

美国经济从失衡到平衡，表现为自"二战"后的世界经济危机有四次。历次全球经济危机中美元汇率均处于升值趋势。从这 35 年来的美元汇率来看，美元兑欧元、英镑和日元的汇率走势呈明显的周期性特征，在四次全球经济危机期间，美元汇率处于升值阶段，而在其他阶段，美元汇率处于持续贬值中。从美元指数可以看到美元升值分为四个阶段，如图 6-2 所示。

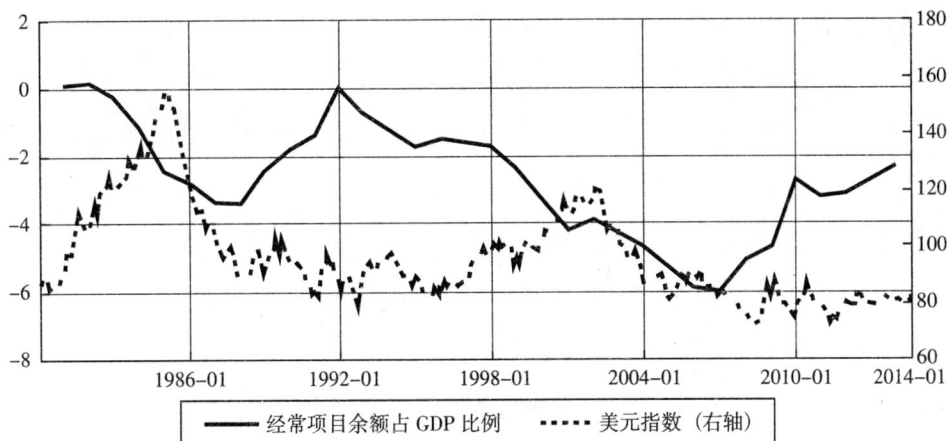

（a）1980~2014年美国经常项目余额占 GDP 的比例与美元指数对比

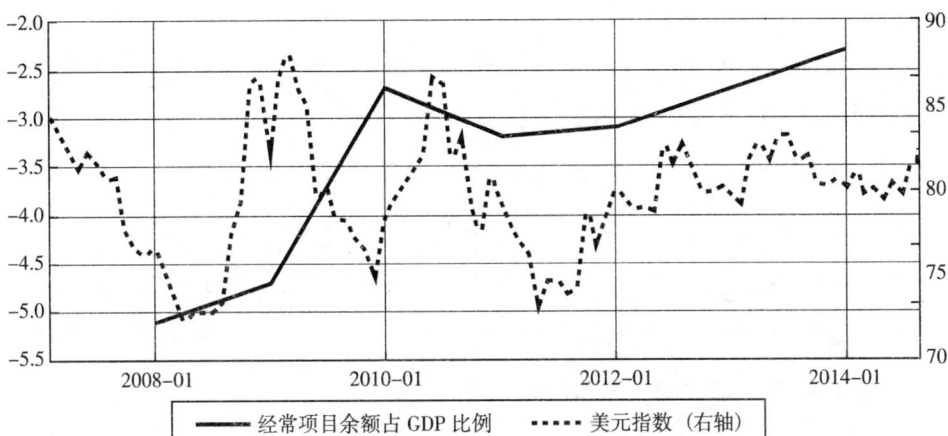

（b）2008~2014年美国经常项目余额占 GDP 的比例与美元指数对比

**图 6-2 美国经常项目余额占 GDP 比例与美元指数对比**

资料来源：U.S. Bureau of Economic Analysis。

第一个阶段是 1979~1985 年，美元兑欧元、英镑和日元巨幅升值，累计升值幅度分别达到 115.5%、125.8% 和 44.5%，1979~1981 年发生了全球性经济危机，于 1979 年 7 月从英国开始，接着波及欧美大陆和日本等主要国家，这三年全球经济 GDP 增长率分别降到 1.99%、2.18% 和 0.89%。

第二个阶段是 1988~1990 年，美元兑欧元、英镑和日元大幅升值，累计升值幅度分别为 24.9%、20.1% 和 30.9%，在此期间，1990~1992 年发生了轻微的全球经济衰退，于 1990 年 7 月从美国开始，很快波及加拿大、日本、欧洲和澳大利亚等西方国家，最终导致日本 10 多年的衰退，全球 GDP 增长率分别降到 2.94%、1.46% 和 2.03%。

第三个阶段是 1999~2001 年，美元兑欧元、英镑和日元大幅度升值，累计升值幅度分别达到 37.9%、18.7% 和 31.8%，2000~2002 年发生了新经济危机，由于网络泡沫破灭和"9·11"恐怖袭击，美国经济衰退迅速波及全球。2000~2002 年全球 GDP 增长率分别降至 4.69%、2.21% 和 2.82%。

第四个阶段则是 2007 年至今的全球金融危机，美国经济恢复最快，随着美国逐步推出量化宽松政策，美元升值开始。

基本的判断是，每当全球经济发生危机或衰退时，美元对主要货币可能呈升值态势。2008 年以来的金融危机中，经常项目差额占 GDP 的比重由 2008 年的 -5.5% 低谷逐渐回升至 2014 年上半年的 -2%，美国的经常账户逆差逐渐修复，此间美元贬值，但随着美国经济最早复苏，美元指数从 2011 年 5 月进入新一轮上涨周期，从那时美元指数 73.70 起算，6 年时间将到 2017 年 7 月截止。

从美元指数与国际经常账户余额占 GDP 比例的关系来看，这两个指数呈现明显的反方向运动。由于美元大幅升值与经常账户逆差是联动发生的，美国贬值→经常账户逆差缩小，经济复苏增强，美元升值→新一波经济项目逆差扩大。由图 6-2 可以看到这一周期不断出现。

美元汇率波动逐步调整美国经济的外部失衡，并逐步传递到其国内经济基本面。从历次金融危机来看，每次危机时美国经济都不是最糟糕的，反而每次危机中美国在全球经济的地位不断得到提升。其经济增长率下降速度也都低于其他发达国家，复苏也最快。[1] 每当全球经济危机或经济衰退时，美国在全球经济中的主导地位反而得到控股和提高，美国经济的外部失衡均得到改善。2008 年的金融危机发生后，同样情况出现，美国最早出现经济复苏，其他发达国家虽有所复

---

① 从经济危机时期美国 GDP 占全球的比重来看，1980~2007 年，美国 GDP 占全球比重有三个上升期，其余时间则不断下降，三个上升期为 1980~1985 年由 23.6% 上升到 32.7%，1991~1993 年由 24.9% 上升到 26.8%，1995~2001 年由 24.9% 上升到 31.9%。虽然全球危机多是从美国蔓延到全球，但对美国的冲击往往小于全球其他国家，当全球处于经济复苏和快速发展时期，美国经济地位就会不断下降。

苏，但欧洲和日本相继实行量化宽松政策以刺激并不稳定的经济。发展中国家普遍出现了经济放缓，资本外流等，国际资本都流向美国以寻求安全性。

金融危机之所以频频发生，其根本原因是国际货币体系出了问题。只要美元主导的国际货币体系格局未变，美元不受约束地发行，这一传统的国际货币体系，就会成为国际金融危机的深层次根源。"美国买我商品，我买美国国债"的国际经济循环，国际金融危机周期性爆发证明了这种模式的不可持续性，但是如果美元处于主导地位，这种周期性就会维持下去。

### （三）美元贬值、全球流动过剩及全球性通货膨胀

美元主导的国际货币体系条件下，美联储货币政策导致美元周期性贬值和全球流动性过剩及次贷危机前全球流动性膨胀，如图6-3所示。数据显示，全球各国货币当局手中的外汇储备从1999年的1.6万亿美元迅速膨胀到2007年底的6.4万亿美元，9年扩张了整3倍；国际债券与票据从1999年底的5.4万亿美元扩展到2007年底的22.8万亿美元，翻了3.2倍；对冲基金资产总额在1999年底不过3500亿美元，2007年底资产总额已经上升至1.8万亿美元，数量从3000只上升至17000只，9年增长率为500%；全球外汇交易总额从1999年的415万亿美元上升到2007年的886.2万亿美元，9年扩张了1.13倍。而到2014年第一季度，国际外汇储备11.86万亿美元、国际债券票据、2013年底对冲基金资产总额2.01万亿美元、2014年4月全球外汇日均交易额为4.47万亿美元，全年交易额将会达到1000万亿美元以上。而2013年全球贸易总额还不到10万亿美元。

全球石油和大宗商品价格暴涨，根源也是美元发行过度。1973年美元与黄金脱钩以来，美元汇率与大宗商品、黄金和原油价格走势明显呈负相关。在2008年全球金融危机爆发后，美联储已经实施了三次量化宽松政策，超常规发行了3万多亿美元的基础货币。由图6-3可以看出对新兴国家和发达国家中央银行总资产的估计。2003年，全球央行资产负债表的扩张开始，全球央行总资产占GDP的比重从2003年的14%上升到2014年的近35%。这种肆无忌惮的发行货币的行为，必然导致全球通货膨胀，同时也为国际"热钱"冲击和金融不稳定埋下祸根，风险不断增大。

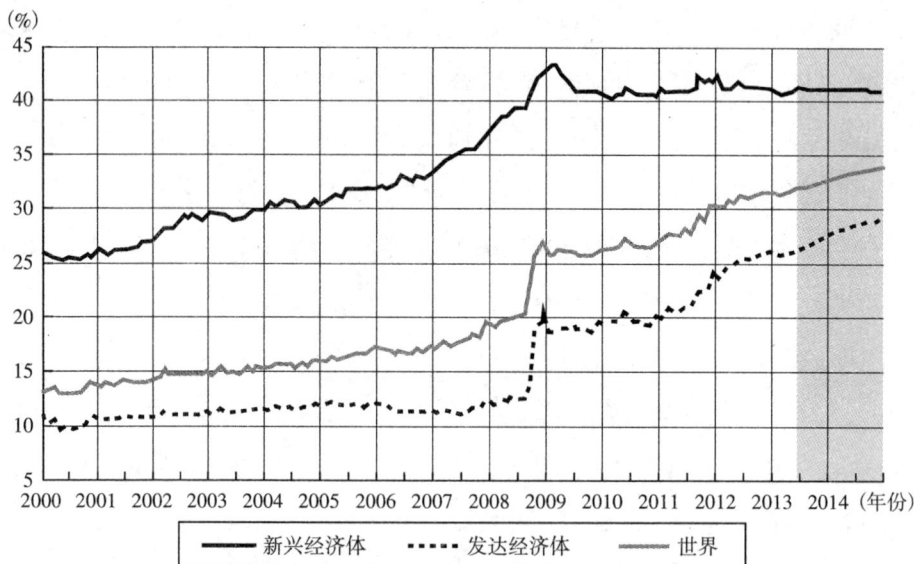

图6-3　全球流动性：央行资产占GDP的比重

资料来源：IMF，National data，Haver Analytics & Fulcrum Asset Managment。

美元过剩的流动性导致美元贬值，旨在降低美国制造的出口商品价格、增强美国企业国际竞争力的同时，使进口商品的价格上涨，带动国内物价回升。美元贬值，以美元结算计价的东西（石油和黄金为主）的"价格"上涨，外汇显得力不从心，购买力下降。另外，由于美联储用了宽松的货币政策，印发钞票，导致美国债券缩水进而蒸发。

### （四）全球经济协调机制没发挥作用

#### 1. IMF 等全球金融协调机制失效

国际货币基金组织与世界银行的职责是监察货币汇率和各国贸易情况，提供技术和资金协助，确保全球金融制度运作正常。国际清算银行则是协调有关国家的金融政策，促进各国中央银行的合作。尤其是国际货币基金的使命，是为陷入严重经济困境的国家提供协助。对于严重财政赤字的国家，基金可能提出资金援助，甚至协助管理国家财政。IMF 伴随布雷顿森林体系建立，但作用并不显著。国际货币基金组织等国际组织一直为发达国家主导，对外监督饱受诟病，面对发达经济体危机时又束手无策。在历次危机中，无论是亚洲金融危机、2008 年金融危机、欧债危机，国际货币组织都因处理不当或者无所作为而饱受诟病。由于国家间协调难度大，大国不愿承担过多的国际义务，这些都导致国际间汇率政策协调前途渺茫。目前全球范围的监督约束也越来越难，在国际货币基金组织的投票权中，美国有 17.4%的投票权，可以一票否决。为体现新兴和发展中国家在全球经济中不断上升的权重，IMF 在 2010 年的"G20 首尔峰会"上通过了份额改革方案，超过 6%的份额将向有活力的新兴市场国家和代表性不足的发展中国家转移，并改革董事会使其更具代表性。改革以后，金砖五国等最大新兴经济体在 IMF 的表决权份额将增加 4.5%至 14.3%，其中中国的份额将从 3.72%升至 6.39%，成为 IMF 第三大会员国。这被认为是 IMF 成立 70 多年来最重要的治理改革，但改革方案也被美国搁置。二十国集团（G20）是在 2008 年国际金融危机后开始受到重视。2008 年 11 月，首次 G20 国家领导人峰会举行，目前已经举办了 8 次。其诞生是为了应对全球金融危机，逐渐演变成处理国际社会协调重要经济事务的平台。但是各国经济政策协调难度加大，全球经济安全问题凸显，贸易保护主义上升，南北差距加大。G20 虽然囊括了主要新兴经济体，但协调各国立场更为困难，并且没有执行机构。

2. 各国的国际金融监管加强

国际金融危机爆发后，美国于 2010 年出台了《多弗法案》[①]。美国监管体制由机构的功能监管向基于目标的监管框架转变。在此框架中，监管机构可以进行跨机构、跨部门、跨市场的监管。监管的实质是要打破大萧条以来一直实施的银行、保险、证券、期货的分业监管格局，以适应混业经营的趋势。欧盟也提出开征金融交易税的设想并准备付诸实施。其欧洲银行单一监管机制正式出台并于 2014 年 3 月 1 日启动，这种统一的银行监管体系的构建是欧洲推动一体化进程的必然选择。从更为宏观的视角来看，也为国际金融监管改革如何解决全球层面的"三元悖论"问题，提供了重要的借鉴。随着主要发达经济体量化宽松货币政

---

①《多弗法案》包含四方面内容：一是强化对金融机构的监管，二是建立金融市场的全面监管体系，三是保护消费者和投资者免受金融欺诈，四是为政府提供处置金融危机所必需的工具。

策的实施，新兴经济体受到了国际资本流动的较大冲击，纷纷采取包括资本管制在内的相关措施，托宾税成为很多国家的常规选择。2011 年 4 月 5 日，国际货币基金组织发布报告，提出为应对大规模资本流入的挑战，有关国家应根据各自国情采取不同应对措施，包括结构改革、税收以及资本管制。这被认为是国际货币基金组织有史以来首次做出允许各国使用资本管制的决定。

3. 各种区域储备货币体系出现

在国际货币体系长期得不到制度性改革，无法最终实现独立国际货币制度的过程中，各种区域性的双边与多边安排使得国际货币体制发生"事实上的改变"。这种区域货币合作目前是一种过渡性的区域制度安排，在世界货币体系的问题最终解决之前，是减少对美元的依赖进而破除美元霸权的一个现实可行的方式，可以实现区域性储备货币的多元化。欧元区预计未来 10 年内可能会扩展到 28 个国家。如果加上北非和中东的部分国家也选择盯住欧元，那么欧元区可能扩展到 50 国，总人口超过 5 亿，总 GDP 将大于美国。而南方共同市场国家（巴西、阿根廷、乌拉圭、巴拉圭）也推动形成一个单一货币区。在亚洲建立"亚元"也有一定的推进力量，但是欧债危机说明欧元面临的最大问题是欧洲经济发展不平衡和统一货币与分散财政之间的矛盾，亚洲情况复杂，建立"亚元"的路会很长。1998 年亚洲金融危机之后，中国、日本、韩国与东盟共同推进《清迈协议》多边化机制，设立了 2400 亿美元的亚洲的外汇储备基金。金砖五国也成立了金砖银行并建立了 1000 亿美元的应急储备安排。金砖五国都有大量的进出口，金砖国家内形成了一个外汇融通的相互支援机制，防止某个国家因为国际支付不灵而出现全面的经济危机。这将补充和强化由国际货币基金组织、区域金融安排、中央银行间双边货币互换协议及各国自有的国际储备构成的全球金融安全网。

**（五）中国外汇储备风险上升**

世界的外汇储备中，其币种结构比重如图 6-4 所示，2013 年美元占 60.9%、欧元占 24.5%、英镑占 3.9%、日元占 4%，中国与全球情况基本接近。新兴国家由于金融体系不健全，货币地位低下，为防范资金短缺和金融冲击，更倾向于大量持有国际外汇储备。目前，世界的外汇储备资产接近 11.86 万亿美元。新兴市场国家外汇储备占全球外汇储备的比重已经接近 65%，远远高于其 GDP 占全球的比重。如图 6-5 所示，2013 年外汇储备前五位的国家为中国、日本、瑞士、沙特、俄罗斯，占比分别为 31.66%、10.20%、4.09%、5.98%、3.87%。中国外汇储备余额不断上升，如图 6-6 所示，中国截至 2004 年第一季度末，外汇储备余额为 3.95 万亿美元，居世界第一，占全世界的 1/3，存量基本接近 4 万亿美元。另外，发达国家的储备资产结构中黄金储备的份额很高。美国为 71%，德国为 67.5%，意大利、法国都在 60% 以上。中国的黄金储备不足 1.1%，如图 6-7 所示。

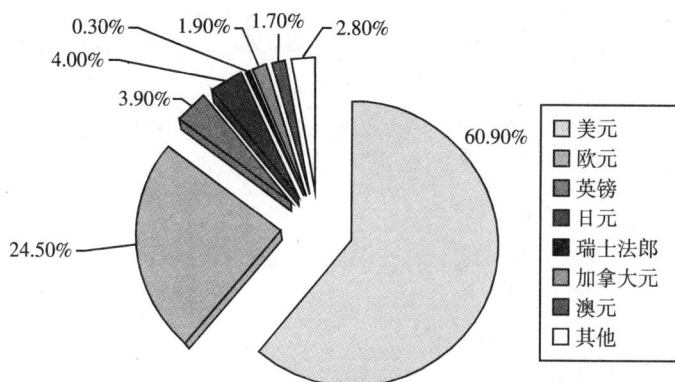

**图 6-4　2014 年第一季度全球外汇储备的币种分布**

资料来源：http：//www. imf. org/external/np/sta/cofer/eng/index. htm。

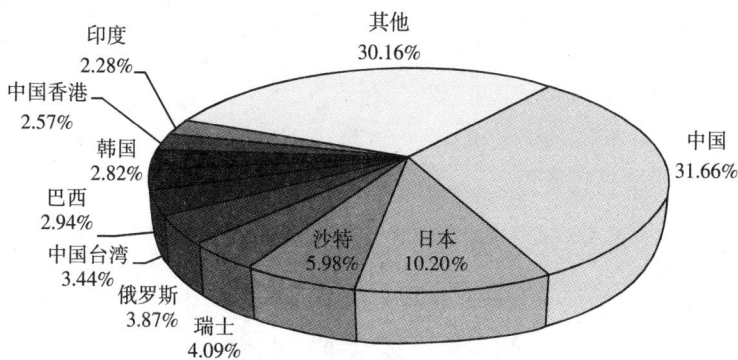

**图 6-5　2013 年各国的外汇储备分布**

资料来源：http://www.imf.org/external/np/sta/cofer/eng/index.htm。

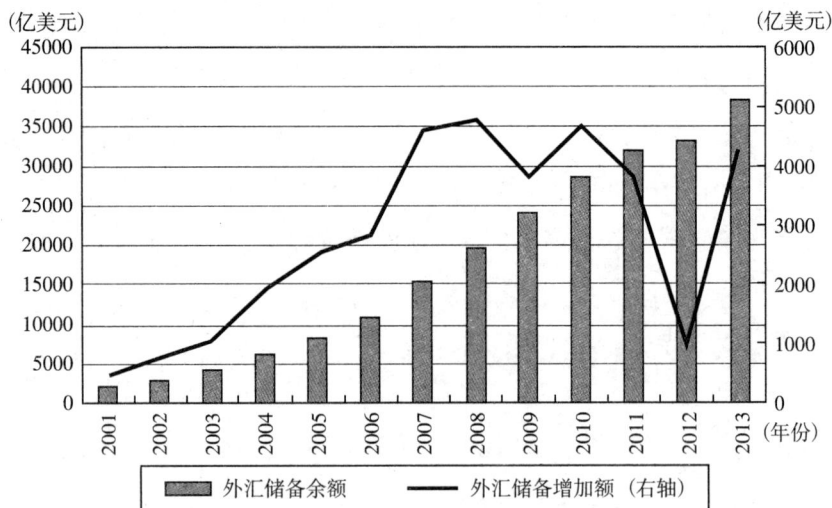

**图 6-6　2001~2013 年中国外汇储备增加额与外汇储备余额**

注：图中外汇储备增加额为交易引起的变化，剔除了估值效应的影响。

资料来源：国家外汇管理局。

世界十大黄金储备国家和组织

（截至2014年1月）

| 美　　国 | 储量(吨) ► 8133.5 占其外汇储备 ► 71% |
| 德　　国 | 3387.1 67.5% |
| 国际货币基金组织 | 2814.0 |
| 意大利 | 2451.8 66.1% |
| 法　　国 | 2435.4 65.5% |
| 中　　国 | 1054.1 1.1% |
| 瑞　　士 | 1040.1 7.9% |
| 俄罗斯 | 1015.1 7.9% |
| 日　　本 | 765.2 2.4% |
| 荷　　兰 | 612.5 52.4% |

**图 6-7　发达国家的黄金储备**

外汇储备反映的是国际收支平衡的状况。从国际收支顺差构成来看，我国的外汇储备增加基本上来自经常项目和直接投资的顺差。2001~2013 年经常项目顺差加上直接投资项下的净流入有 3.8 万亿美元，同期交易形成的外汇储备资产增加是 3.7 万亿美元，这就意味着过去 13 年的外汇储备增长基本上可以用贸易和投资活动来解释，即和实体经济活动密切相关。但是，国际收支失衡、美元贬值造成财富向美国转移，客观上我国外汇储备风险很大。

美元走势取决于其国内经济，但影响是世界范围的。美元过度发行，美元泛滥和全球流动性过剩，非国际货币国家面临外汇储备两难。这些储备资产面临着严重的缩水威胁，却无法通过抛售美元来规避风险。究其原因，短期内难以找到能够替代美元的国际货币，对美元的大量抛售势必引起美元的大幅贬值，拥有巨额美元外汇资产储备的国家就会面临着外汇资产严重缩水等问题。出口暴跌，失业率上涨和经济增长速度下降，可能引发全球经济巨大震荡，这是所有持有美元储备国家所不愿看到和力争避免的。美元贬值是美国的战略取向和策略需要，但这种趋势对中国及有高外汇储备的国家的影响却非常明显。迅速增加的外汇储备在应对外部冲击能力的同时也带来一系列挑战，尤其是带来较大的汇率风险和成本对冲压力。中国的巨额外汇储备困境须上升至国家战略层面才能解决。

# 第二节　国际货币体系的变动趋势

美元目前仍居主导地位，但呈现逐渐减弱的趋势。国际储备货币由单极向多极变化，国际货币互换制度，区域货币合作都成为未来国际货币体系的显著特征。

## 一、以美元为主的多元储备货币格局

美国是世界第一大经济国，拥有在资本流动中的绝对优势，2013 年，有近 20% 的全球外汇交易在美国，如图 6-8 所示。从全球外汇交易市场日均交易额来看，全球十大交易货币仍然以发达经济体货币为主，其中美元占比 80% 以上（见表 6-1），保持绝对优势。由于市场选择和路径依赖，美元仍是现代国际货币体系的支柱，这种核心货币的地位很难动摇。虽然本轮金融危机表明对单一主权货币依赖过大容易造成国际金融体系的脆弱性,但引入超主权货币,无论是特别提款权还是新设纸黄金,都是基于信用本位,虽然这种与主权国家脱钩的安排有利于解决"特里芬难题",但其市场信誉不一定好于一个主权国家的信用,而且涉及货币主权甚至财政主权的让渡的操作都很困难。其他国际货币虽然能够对美元起到一定的替代作用,但是就未来十年来看,整个国际货币体系的份额改变不会太明显,对美元的霸权地位不会有实质性挑战。

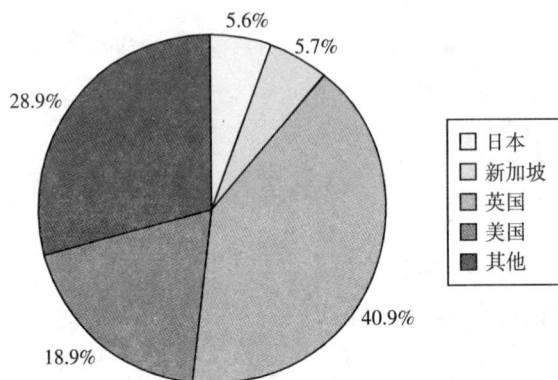

图 6-8 2013 年全球外汇市场交易集中度

资料来源:BIS。

表 6-1 世界各国和地区外汇储备币种结构(1999~2011 年)

单位:%

| 年份 | 美元 | 英镑 | 日元 | 瑞士法郎 | 欧元 | 其他货币 |
|------|------|------|------|----------|------|----------|
| 1999 | 71.01 | 2.89 | 6.37 | 0.23 | 17.90 | 1.60 |
| 2000 | 71.13 | 2.75 | 6.06 | 0.27 | 18.29 | 1.49 |
| 2001 | 71.51 | 2.70 | 5.04 | 0.28 | 19.18 | 1.28 |
| 2002 | 67.08 | 2.81 | 4.35 | 0.41 | 23.80 | 1.55 |
| 2003 | 65.93 | 2.77 | 3.94 | 0.23 | 25.16 | 1.97 |
| 2004 | 65.95 | 3.37 | 3.83 | 0.17 | 24.81 | 1.88 |
| 2005 | 66.91 | 3.60 | 3.58 | 0.15 | 24.05 | 1.72 |
| 2006 | 65.48 | 4.38 | 3.08 | 0.17 | 25.09 | 1.80 |
| 2007 | 64.13 | 4.68 | 2.92 | 0.16 | 26.28 | 1.84 |
| 2008 | 64.10 | 4.01 | 3.13 | 0.14 | 26.42 | 2.21 |
| 2009 | 62.03 | 4.25 | 2.89 | 0.12 | 27.67 | 3.05 |
| 2010 | 61.83 | 3.93 | 3.66 | 0.13 | 26.01 | 4.44 |
| 2011 | 62.07 | 3.84 | 3.59 | 0.29 | 24.94 | 5.26 |

资料来源:王国刚. 人民币国际化的冷思考 [J]. 国际金融研究, 2014 (4).

　　未来 5 年内，国际储备中外汇储备继续朝多元化方向发展，以美元为核心货币，外围储备货币有欧元、英镑、日元等。未来 3~5 年，随着美元升值，美元地位增强，其外汇储备比例还要略有上升，保持在 60% 以上。

　　国际储备中非黄金储备显著增长，但黄金仍占相当比重。尽管美国的黄金储备一直下降，2012 年美国仍然拥有世界黄金储备的 35%。美国、德国、意大利、法国、荷兰的黄金储备在其外汇储备中分别占比 72%、68%、67%、66%、54%（见表 6-2），而俄罗斯和中国的占比分别为 9% 和 1%。由于美元过度供给，全球流动性膨胀。美国为挽救经济推出三轮量化宽松政策，给新兴国家的经济带来了严重打击。一些国家开始减少美元储备，增加更为保值的黄金储备。以俄罗斯为代表的发展中国家的黄金储备开始不断增加，而美国自 2008 年金融危机起黄金储备就几乎一直没有变化，如图 6-9 所示。

表 6-2　2014 年 3 月各国黄金储备

| 排　名 | 国家（地区）组织 | 数量（吨） | 黄金占外汇储备（%） |
|---|---|---|---|
| 1 | 美国 | 8133 | 72 |
| 2 | 德国 | 3384.2 | 68 |
| 3 | IMF | 2814 | — |
| 4 | 意大利 | 2451.8 | 67.0 |
| 5 | 法国 | 2435 | 66 |
| 6 | 俄罗斯 | 1094.0 | 9 |
| 7 | 中国 | 1054.1 | 1 |
| 8 | 瑞士 | 1040.1 | 8 |
| 9 | 日本 | 765.2 | 2 |
| 10 | 荷兰 | 612.5 | 54 |

资料来源：国际黄金协会。

(公吨)

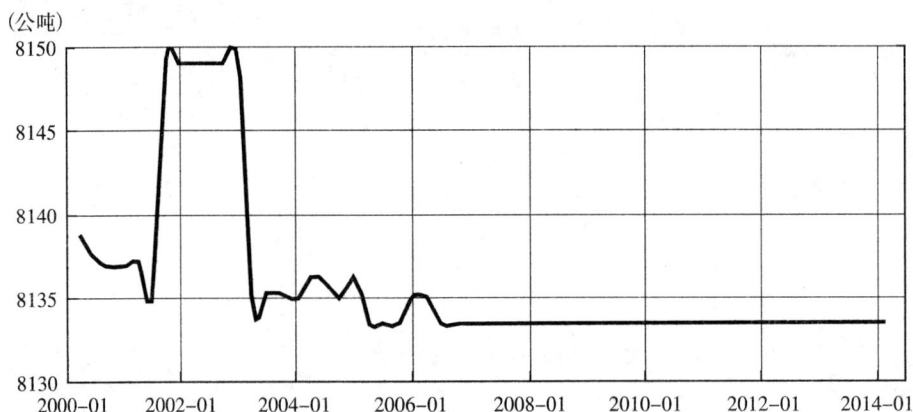

图 6-9  美国黄金储备数据的月度数据

资料来源：World Gold council。

## 二、汇率之间的变化

### （一）主要储备货币和次要储备货币的汇率

世界主要新兴市场货币、澳元、日元均在贬值、而欧元、英镑、美元则在升值，如图 6-10 所示。从美元指数看，经过了 1987 年的 160 的高点后，不断下降，如图 6-11 所示，到 2014 年美元指数为 80 左右，呈现出不断下降的趋势。但是每次危机发生，美元都会升值，此次也不例外。随着美国推出的量化宽松货

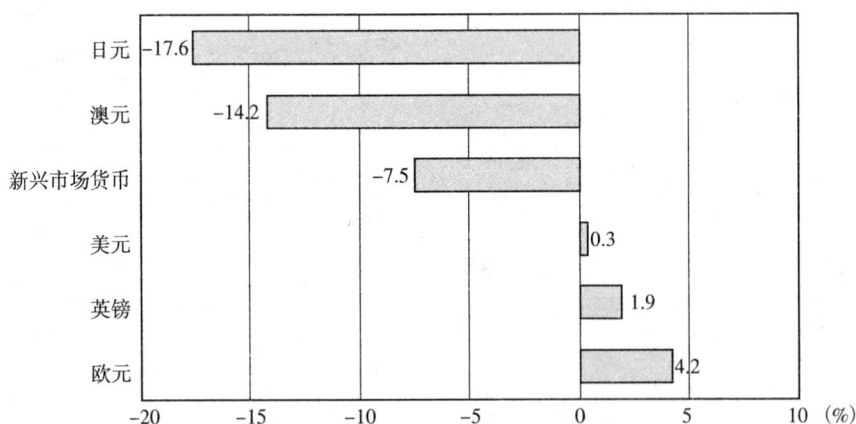

图 6-10  2013 年主要汇率的汇率变动情况

注：欧元、英镑、新兴市场货币、日元和澳元汇率均为对美元汇率，美元汇率选取 DXY 美元指数计算。主要货币汇率表现具体指汇率年末值较上年年末值的百分比变动。

122

1967~2014 年美元指数

2013 年 1 月至 2014 年 8 月的美元指数

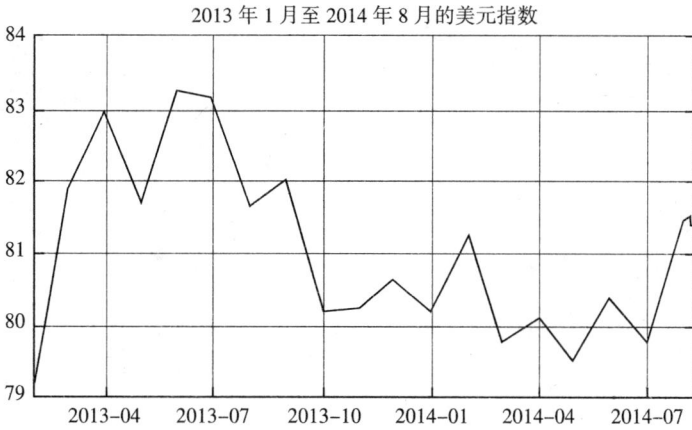

2001~2014 年欧元兑换美元汇率

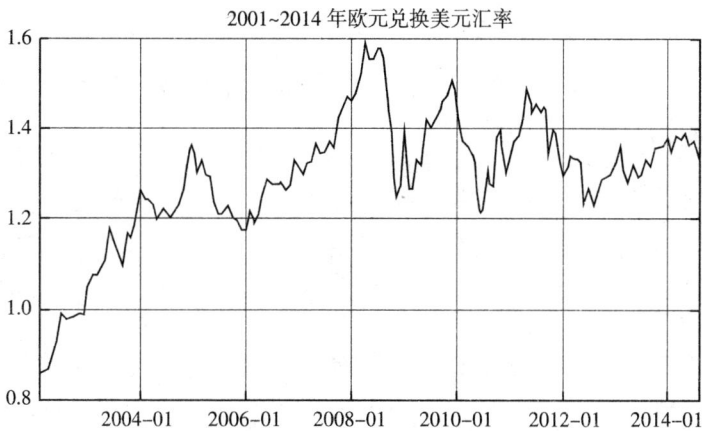

图 6-11　美元指数及美元兑各国货币

1972~2014 年美元兑换日元汇率

**图 6-11　美元指数及美元兑各国货币（续）**

资料来源：OTC Interbank。

币政策，加息可能在 2014 年底或者 2015 年上半年推出，以及外国资产寻求美元安全性的要求，显然美元在未来 3 年会不断升值。

从欧元兑换美元来看，汇率相对稳定，2014 年在 1.2 左右。欧元 1999 年诞生，欧元与美元、日元等主要国际货币的汇率发生着明显的阶段性变化。2004 年欧元与主要的国际货币的汇率基本稳定了下来，以后基本维持在 1.2 左右，如图 6-11 所示。欧元已成为一种强势国际货币，对国际汇率体系造成了一定冲击，对稳定国际货币体系作用积极。到 2013 年欧元占比相对稳定，占债券市场的 30% 左右，占外汇市场的 30%，占储备资产的 30% 左右，已经有 50 多个国家把他们的货币汇率盯住欧元，但是强势欧元并非反映欧元区经济基本面状况，而是美元有意贬值的副产品。欧债危机尚未完全恢复，加上乌克兰地缘政治环境恶化，欧元也受打击。未来 3~5 年，欧元逐渐恢复，汇率相对稳定。

从美元兑换日元来看，如图 6-11 所示，从 1967 年以后，美元兑日元汇率由 300 上升到 2014 年的 100 左右，日元不断升值。从欧元兑日元来看，1999 年到 2000 年底，欧元兑日元不断下降，汇率由 1∶134 下降为 1∶90 左右；2000 年底到 2013 年，汇率不断上升，兑日元的汇率上升到 1∶130 左右。未来 3~5 年，欧元相对日元走强。

在时间延续的过程中，将迫使币值不稳的国际货币在货币竞争中努力提高自己的稳定性，否则，它将面临退出国际货币职能的危险。

## （二）储备货币与非储备货币的汇率

2013 年由于美国退出量化宽松货币政策，除了中国与中东欧国家，如图 6-12 所示，各发展中国家货币兑美元都出现贬值。中国兑美元、日元都有升值，与欧元维持稳定。可见，发展中国家货币由于大部分都是盯住美元的汇率安排，在未来美元升值的趋势中，未来 3~5 年内呈现贬值的态势。美、日、欧等主要储备发行体较早就实行了浮动汇率安排。1997 年亚洲金融危机之前，大部分新兴经济体出于"浮动恐惧"维持名义或实际的盯住汇率制度。在经历了多次货币金融危机后，新兴经济体越来越多地选择浮动汇率制，以应对"三元悖论"，追求货币政策独立性和资本自由流动。

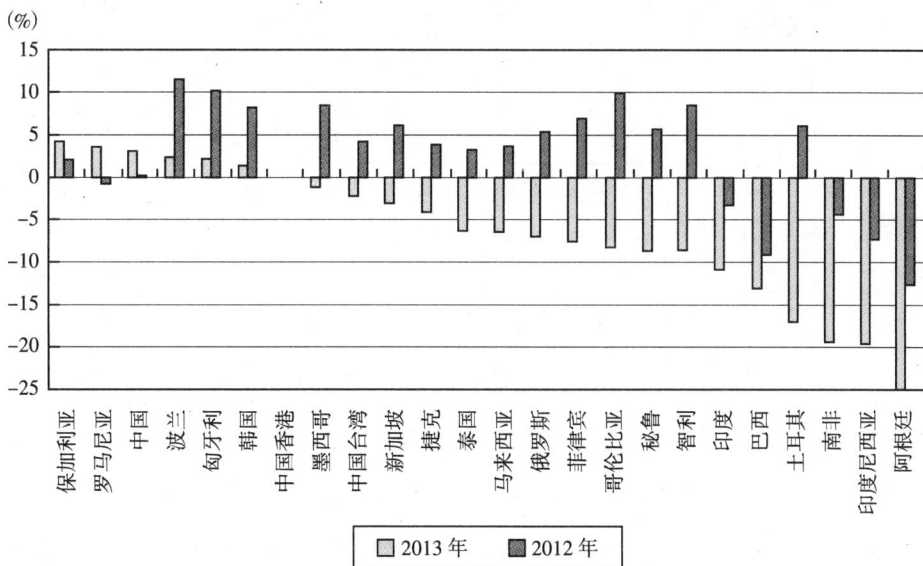

**图 6-12　2013 年新兴市场货币兑美元汇率升贬值**

资料来源：彭博资讯。

## （三）区域间货币安排形成趋势

管理汇率波动仍有一定市场。欧洲经济与货币联盟建设，以欧元取代主权货币，欧盟内部实行永久的固定汇率安排就是一种大胆的尝试。作为汇率制度的"边角解"之一，联系或者盯住汇率安排（又称货币发行局制度），也对小型开放经济体具有相当的吸引力。而中国的实践表明，有管理的浮动的汇率制也有其现实性，表 6-3 则是各国的汇率安排。

表6-3 国际货币基金组织（IMF）在2013年对成员国汇率制度的分类

| 汇率制度 | | 国家（地区）个数 | 国家（地区）名称 |
|---|---|---|---|
| 硬盯住 | 无单独法定货币 | 13 | 厄瓜多尔、巴拿马、津巴布韦等 |
| | 货币局安排 | 12 | 中国香港、文莱、保加利亚、立陶宛、吉布提等 |
| 软盯住 | 传统盯住 | 45 | 委内瑞拉、沙特阿拉伯、多哥、喀麦隆、科威特、利比亚、尼泊尔等 |
| | 稳定化安排 | 19 | 安哥拉、柬埔寨、伊拉克、老挝、马尔代夫、越南、白俄罗斯、伊朗、玻利维亚等 |
| | 爬行盯住 | 2 | 尼加拉瓜、博茨瓦纳 |
| | 准爬行 | 15 | 新加坡、中国、埃塞俄比亚、哈萨克斯坦、克罗地亚、阿根廷、印度尼西亚、埃及、海地、乌兹别克斯坦等 |
| | 水平区间盯住 | 1 | 汤加 |
| 浮动 | 浮动汇率 | 35 | 阿富汗、斯里兰卡、肯尼亚、蒙古、巴西、韩国、墨西哥、泰国、土耳其、印度、新西兰等 |
| | 自由浮动 | 30 | 澳大利亚、加拿大、英国、日本、美国、法国、德国、意大利、以色列等 |
| 其他有管理汇率 | | 19 | 苏丹、巴拉圭、马来西亚、缅甸、俄罗斯、孟加拉等 |

资料来源：IMF（2013），Annual Report on Exchange Arrangements and Exchange Restrictions 2013, Oct. 2013.

## 三、国际货币互换

发达国家之间的货币互换由双边走向多边，可能成为未来国际货币制度的雏形。由于金融危机发生后，美元持续贬值，为本国货币安全，很多国家之间开始了货币互换安排。2009 年 4 月 6 日，美联储与英国央行、欧洲央行、日本央行和瑞士央行联合宣布了一项货币互换协议。2013 年 10 月 31 日，这四国央行加上英国央行、加拿大央行等六大央行同时宣布将把现有的临时性双边流动性互换协议转换成长期协议，任何当事央行都可在自己司法辖区内为另外五种货币中的任何一种提供流动性。这意味着在主要发达经济体之间，一个长期、多边货币、无限的超级储备货币网络已编织成型。这个互换网络，可能会成为未来国际货币体系的基本架构。换言之，完备的国际货币体系必备的三大构成要素即储备货币选择、汇率制度安排和国际收支协调机制，这三要素在互换网络中均有明晰的对应体现。这种机制既提供了全球流动性，又降低了对于储备货币的需求。提供了一种在紧急情况下获得流动性的保险，因而可大大减少其对储备货币的需求。因为货币互换网络的推广将国际货币体系的功能恢复到提供支付清算便利的本来面目，全球的纯粹流通费用也会大大降低。主要央行间建立长期稳定的货币互换网络，或许就是未来国际货币体系的基本架构。

## 四、人民币国际化

一国经济地位决定货币地位，随着中国成为世界 GDP 第二大国，贸易第一大国，FDI 第二流入国和第三流出国，国际经济地位不断上升。由于金融危机美元贬值，外汇储备风险过高，加上各国对人民币交易的需要，人民币国际化从开始的跨境贸易结算，到投资工具不断丰富，人民币国际化发展很快。

人民币国际化沿两条主线展开：一是跨境贸易人民币结算的试点与铺开；二是我国香港离岸人民币市场的发展。首先，跨境贸易人民币结算业务增长很快。这项业务本身给企业特别是外贸型企业带来了便利，市场认可度在逐步增强，同时人民币在海外的受欢迎程度也在逐步提高。目前，这种基于贸易结算的人民币国际化业务已经为海外净输送了接近 1.5 万亿人民币存款，但是 90% 以上都在香港。其次，境外人民币清算行建设正在全面推进。2014 年 6 月，中国建立了 3 个清算中心，分别是伦敦人民币业务清算行、法兰克福人民币清算行和韩国人民币清算行。2015 年 7 月 28 日，中国银行和澳大利亚共同开发的人民币清算系统在澳大利亚成功运行，人民币成为第一个被纳入澳大利亚本地清算系统的外国货币，如表 6-4 所示。2015 年 8 月南非约翰内斯堡中国分行也成为第一个在非洲的人民币清算行。随着人民币清算行在多个国家和地区的确定，人民币离岸市场获得了进一步推动，人民币国际化的步伐越来越快。德国、英国、卢森堡、法国相继成为人民币离岸中心显示出这一全球化布局正从亚洲向欧洲北美洲等地区拓展。

但是，人民币的流动数额依然较少。2014 年 4 月，美元在全球的金融资产总额是 560 万亿，欧元达到 500 万亿，日元有 130 万亿，英镑 9 万亿，而人民币还不到 1 万亿，只有 2500 万元左右，如图 6-13 所示；人民币日均交易额为 1200 亿美元，在全球外汇市场首次进入全球前十所占份额升至 2.2%，但是与美元 80%以上的份额相较，还是不能同日而语。

表 6-4 全球主要的人民币清算行

| 清算行 | 国家和区域 |
|---|---|
| 中国银行 | 中国香港、中国澳门、德国、卢森堡、俄罗斯、澳大利亚、菲律宾、柬埔寨、哈萨克斯坦 |
| 工商银行 | 新加坡、老挝和柬埔寨 |
| 建设银行 | 英国 |
| 交通银行 | 韩国 |
| 建设银行 | 伦敦 |
| 中国银行 | 法兰克福 |

资料来源：中国人民银行。

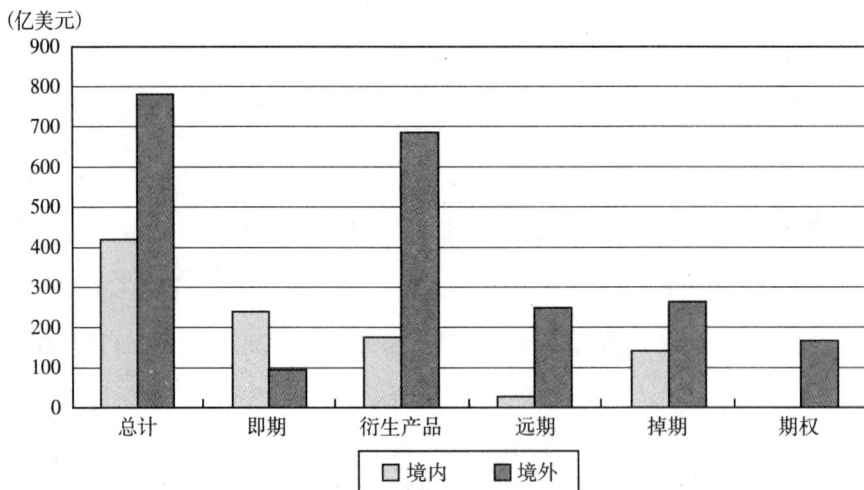

图 6-13 全球人民币外汇交易量

注：2013 年 4 月日均交易量。
资料来源：国际清算银行。

由于资本账户不可自由兑换，当前的人民币跨境业务主要集中于贸易账户。目前各重要的国际金融中心，比如伦敦、法兰克福等建设人民币离岸市场的着眼点并不在当前贸易账户的人民币业务，而是为将来资本账户下的人民币资产的跨境交易奠定基础。目前通过资本账户以人民币计价的金融投资工具不足，除了跨境贸易结算以外，资本项目的人民币出境渠道较窄。主要包含 RQDII（人民币合格境内机构投资者）和RODI（境外人民币直接投资），企业对境外关联子公司提供人民币贷款、发行人民币债券等。其中，RODI流出入趋于活跃，2013年非银行部门的ODI中流出84亿美元，流出额在所有币种中的占比由2012年的6%上升至14%。中国投资者无法进入其他国家股票市场分散风险。投资者的本土偏好达99%，如果2020年中国基本放开资本账户管制，允许金融机构和个人认购海外证券，将会出现大规模的资本流出。而以人民币计价的国际债券的大量发行具有重要意义，人民币离岸债券的分布主要在中国香港（见表6-5）。[1] 国际清算银行BIS数据显示，以人民币计价的国际债券占比仅0.1%，而五大储备货币计价的国际债券在2009~2012年均占比95%以上。

表6-5 2013年人民币离岸债券分布

| 2013年 | 中国香港 | 伦敦 | 中国台湾 | 新加坡 | 总额 |
|---|---|---|---|---|---|
| 金额（10亿元） | 93.60 | 2.00 | 10.50 | 4.50 | 110.60 |
| 比率 | 0.85 | 0.02 | 0.09 | 0.04 | 1.00 |

资料来源：Dealogic，RBS。

资本项目人民币回流渠道限制也仍然较多，回流渠道主要包括RQFII、RFDI（外商人民币直接投资）、三大境外机构进入银行间债券市场、跨境人民币贷款、沪港通等。首先，外商人民币直接投资增长迅速。2010年正式开启外商人民币FDI，至2013年外商人民币直接投资金额达到4481.3亿元，年均增速达到80%，但来源地以中国香港为主。其次，关于RQFII现阶段限制仍然较多，目前中国已向7个国家和地区发行了RQFII的额度，共计7400亿元，然而获得额度的境外机构仅仅动用了2503亿元（见表6-6）。2014年5月试点的"沪港通计划"联通了沪港两地的股票市场。内地投资者可以用人民币参与香港股票市场，提升香港作为离岸人民币业务中心的地位。最后，跨境人民币贷款前仅限在前海和上海自贸区、天津生态城内实施，规模相对有限。截至2014年5月，前海跨境人民币

---

[1] 因为在国际债券市场中以本币计价的债券份额，不仅是一国金融市场广度和深度的体现，也是一国货币国际化程度的体现。

贷款备案规模约 300 亿元，上海自贸区仅 45 亿元。目前人民币国际化业务很大一部分仍然以套利为驱动因素。

表 6-6　RQFII 获批和使用额度

单位：亿元

| 国家和地区 | 获批额度 | 使用额度 |
| --- | --- | --- |
| 中国香港 | 2700 | 2451 |
| 新加坡 | 500 | 22 |
| 伦敦 | 800 | 30 |
| 中国台湾 | 1000 | 0 |
| 法国 | 800 | 0 |
| 韩国 | 800 | 0 |
| 德国 | 800 | 0 |
| 合计 | 7400 | 2503 |

资料来源：发改委、外汇管理局。

以中国人民银行为中心的双边本币互换目前局限在周边国家，这说明人民币本币互换的产生是受市场需求拉动的。中国人民银行自 2009 年以来先后与 24 个国家签署了双边本币互换协议，目的在于能够促进互换协议签署国之间的贸易与投资，规避汇率风险、降低汇兑费用。

# 第三节　中国参与国际货币体系重塑的对策

中国要参与国际货币体系重塑，其实也是不断推动人民币国际化的过程。首先，要明确国际货币体系改革的方向；其次，中国要推动金融改革开放，推动人民币逐渐成为国际储备货币体系的一员。

## 一、国际货币体系改革的展望

国际货币体系改革是一个长期任务，近期任务就是打破美元独霸世界格局，稳定欧元区经济，以及加快人民币国际化，建立一个统一性与多元性相结合的国际货币新体系。

**（一）国际货币体系改革的目标**

（1）降低美元在国际储备货币中的比例，改变现行以美元为中心的"单一"货币体系。

（2）建立一个相互竞争的多元国际储备货币体系，通过市场约束来维持国际储备货币体系稳定。

（3）未来国际储备货币体系应该由美元、欧元和亚洲货币组成，但是亚洲货币没有形成之前，人民币可发挥更大的作用。

（4）保持主要经济体之间货币汇率稳定，授权 IMF 监督系统重要性。国家实行稳健的汇率政策，对其汇率波动范围设限，如果违反可以谴责或者讨论设置罚款事项。

（5）提升 IMF 加强国际金融政策国际汇率协调机制的能力。

（6）加强国际金融监管，特别是加强对主要国际储备国家货币发行国货币的监管，同时加强对跨境资本流动的监管；要对发展中国家资本管制给予正确的指导。

**（二）推动国际金融机构改革**

推动国际金融机构改革建议从如下几方面着手。

（1）扩大 IMF 职能。IMF 应该对主要国际储备货币发行、国际资本跨境流动实施监督，扩大成员国防范和化解危机的能力，协调成员国政策，提供中长期贷款以协助成员国克服国际收支困难，建立和完善全球最后贷款人制度。

（2）建立国际储备货币的监督机制，完善国际金融危机救助机制，建立国际清算银行与 IMF 之间分工协作与制衡机制。

（3）改革国际机构治理。一是改革 IMF 治理，关键是打破美国和欧盟的一票否决权的不合理结构，提高发展中国家在 IMF 的发言权、投票权、管理权。二是要发挥世界银行的作用，提高其在稳定国际金融体制中的作用，要让世界银行承担部分化解受害国金融风险支持功能，加强对遭受金融危机冲击的国家实施资金援助。三是推进 BIS 改革，发挥 BIS 与各国央行之间的货币金融交易功能，协助成员国央行办理官方外汇储备货币转换事宜。以 BIS 为中心，建立国际金融风险预警机制，提高防范国际金融风险的能力，向成员国发出预警信号，强化金融稳定委员会功能，充分吸纳各国参与监管，建立和完善国际金融统一监管方式和标准以及全球金融安全网。

## 二、中国参与国际货币体系改革

中国成为参与国际货币体系的规则制定者和协调者。推进 IMF 份额与治理结构改革，提升中国等新兴市场国家的话语权。有关各方应尽力促使 2010 年达成共识的份额与治理改革正式生效。还要充分利用世界银行、BIS、G20、金融稳定委员会等全球治理机构，将国际货币体系改革作为促进全球可持续增长和全球金融稳定的议题进行讨论。

中国对外金融开放与合作。中国要参与国际金融治理，要加快推进金融改革和开放，加快人民币汇率形成机制改革，加强区域经济与金融合作，建设金砖国家之间的合作，加强国际货币与金融合作。

人民币成为国际主要储备货币之一。第一步，人民币国际化的目标应该是实现在东亚、东南亚和上海合作组织的区域化。人民币区域化的短期目标（5 年）应是在我国与东盟四国（越南、缅甸、老挝、柬埔寨）、上海合作组织四国（俄罗斯除外）、蒙古以及朝鲜的经贸往来中，使人民币成为主导货币，使人民币成为我国与上述各国的主要贸易结算货币、区域内人民币金融资产的计价交易货币初步形成货币网络效应。人民币区域化的长期目标（10 年）应是成为亚洲主要储备货币之一。第二步（15 年），扩大与欧洲的货币直接交易和货币互换，并进而作为储备货币。第三步（20 年），成为储备货币的重要一极。

加强外汇安全的风险控制。要优化外汇储备结构，降低美元比重，提高欧元比重，适当提高黄金储备比重。我国要减少国际收支顺差和外汇储备的积累，控制短期热钱流动是一方面，从根本来看，要改善贸易结构，加快经济发展方式转变和国内经济结构调整。

### 三、人民币走向国际储备货币的路径

人民币走向国际储备货币须做到以下几点。

第一，模式要转变。要成为国际储备货币，就要扩大人民币的计价和结算功能，扩大在贸易和金融投资中的结算和交易量。我国应争取到 2015 年跨境贸易结算时达到我国贸易额的 50%，争取 5~10 年成为东亚区域的主要储备货币。随着国际收支状况逐步改善，结合我国由贸易大国向投资大国转变的特点，人民币输出途径应向"跨境结算+离岸中心"+"跨国投资+资本输出"转变。

第二，要适时成为区域储备货币。我国跨境贸易结算集中在东亚区域，因为经常账户顺差结构表现为对发达国家为顺差，对东亚区域为逆差，通过对东亚增加进口和扩大投资推进人民币区域化是可行的：人民币与韩国及东南亚国家可尝试货币直接兑换，成为区域性的清算货币；扩大人民币计价范围，鼓励自由贸易区（FTAs）伙伴国用人民币作为贸易计价货币，签署货币互换协议时用人民币作为支付货币；推进人民币成为周边国家和地区的储备货币。

第三，要促进国际储备货币多元化，发展美元债券替代品，尤其是要发展相互保证的欧洲债券和开放性的人民币债券。

第四，资本项目开放应配套人民币国际化考虑，四项改革应该同时并举：资本项目开放与汇率机制改革、利率市场化及人民币离岸中心的建设等进程推进密不可分。因此，这四项改革，不应单一来看或者用先后顺序来区分，而是应该循序渐进，同时进行。

资本项目开放与汇率形成机制改革相互促进。对资本项目放开谨慎很大程度上是出于对国际热钱流入的担心及对国内经济的冲击。人民币汇率变动更是吸引热钱流入流出、导致投机行为发生的主要原因。毕竟只有在资本项目开放下，才能真正体现货币的供求关系，促进货币市场价格的形成，推进人民币完全可兑换。人民币可兑换相当于资本项目自由化。我国资本项目事实上可兑换的有 16 个子项，基本可兑换的有 17 个子项，部分可兑换的有 7 个子项，没有完全不可兑换的子项。从资本类型看，贸易信贷、FDI 与 ODI 基本放开，只有证券投资与

短期外债管制较严，因为这两项资金的大进大出在历次金融危机中都是引发危机的重要因素，对这两个项目的开放要慎之又慎。加快汇率和利率改革。在汇率形成机制改革上，要提高人民币汇率弹性，扩大人民币的每日波动区间到 2.25%，在中间价形成机制中加大市场力量，特别是商业银行的参与，由市场来决定价格。保持币值的稳定性是货币国际化的重要因素。要维持币值稳定，一是对外币币值稳定，即汇率稳定；二是对内稳定，即稳定适度的国内通货膨胀率。使人民币汇率在合理均衡的区间上更具弹性，使人民币资产价值长期稳定，成为保值甚至增值的可靠安全的国际资产，为人民币国际化进程作铺垫。

资本项目开放与其他两项的关系也甚为密切。在资本项目逐步开放过程中，没有完全市场化的利率体制，将可能导致套利机会增加和资本交易波动，并将对政策决定产生不利影响。而资本市场开放，包括 RQFII、港股 ETF 等，都离不开离岸人民币市场的配合。在利率市场化改革上，推出存款保险制度，加大贷款利率下限和存款利率上限的放开力度，构建完整的收益率曲线，完善利率传导机制，形成统一的市场化利率体系。汇率或利率改革应与资本账户开放结合起来推进。

人民币资本项目开放必须以香港地区人民币离岸中心作为支撑。这种人民币回流渠道与资本项目开放共同促进人民币的国际化进程。同时一些资本项目开放允许使用人民币作为结算货币，大大加深了人民币国际化的影响力。发展人民币离岸中心，要有战略布局，要服务于我国跨国企业和带动银行的金融服务全球化。一是发展香港人民币离岸中心，扩大跨境人民币结算，丰富人民币金融产品，扩展人民币回流渠道。二是打造伦敦人民币离岸中心，开展人民币存贷款、跨境贸易和融资、发行人民币债券及以人民币计价的股票等业务，考虑签署人民币与欧元的互换协议和直接兑换协议，促成人民币与英镑等的直接交易。三是进一步放宽人民币限制，使日本尽快具备成为人民币离岸交易中心的条件。四是促进纽约继续开发人民币业务。

第五，继续开放金融市场，股市、债市的双向投资也应该逐步开放。鼓励包括民营资本在内的企业扩大 RODI，鼓励外国资本以 RFDI 和 RQFII 投资中国；

对外援助使用人民币；允许外国资本在中国发行人民币债券，中国尝试在境内外向国内外投资者发行人民币债券；适时推出国际板，让外国资本发行人民币计价股票；推进商业银行国际化经营，发展境外人民币业务。

第六，推动金融机构走出去为人民币国际化提供优质服务。要求其他国家在金融方面对等开放，为金融机构走出去提供公平的国际环境。例如中国的银行要到美国设立分支机构，却面临各种障碍和不公平待遇，这时就需要发挥政府作用为企业和银行业走出去扫除政治障碍。随着人民币区域化和国际化，中国商业银行应逐步提高本外币业务一体化的程度，大力开展人民币兑换业务，跨境贸易结算业务以及海外企业、居民人民币业务。

第七，适时开征金融交易税，有效控制跨境资本流动。资本项目开放，会带来两大风险：一是宏观调控难度增大，由于境外人民币数量增多，人民币现金和流动性需求会难以监控、央行通过公开市场冲销过剩流动性的难度增大。二是人民币汇率波动可能加剧，短期资本流动加大市场风险。中国资本项目对国际收支顺差的贡献开始超过经常项目，非直接投资形式的资本流动（包括证券投资和其他投资）更加活跃。这种变化表明国内金融资产交易的开放性上升，人民币汇率也越来越具有资产价格属性，由此也打破了以往以经常项目为主并形成的国际收支稳定状态，双向波动可能成为跨境资金流动的新常态。为控制资金流动风险，可以考虑金融交易税（托宾税）[①]。由于金融交易税能够增加投机交易成本，从而对跨境资本流动具有导向作用。对所有的外汇交易，包括资本流入、流出交易，都按统一税率征税，从而缓解短期投机性资金的大进大出。在托宾税征收之前，监管者无法识别交易者的类别，因此托宾税的征收或者说惩罚机制是通过交易者

---

[①] 金融交易税：美国经济学家詹姆斯·托宾于1972年首次提议对外汇交易征收附加税，以减少纯粹的投机性交易，防止金融市场出现急剧动荡甚至爆发危机。金融交易税不仅成为危机应对措施，还成为常规管理手段，不仅为新兴经济体所偏好，也为成熟市场所热衷。国际金融危机以来，巴西、智利、哥伦比亚等国曾开征此税种。欧盟也提出了开征金融交易税的设想并有可能付诸实施。这属于价格手段，通过市场传导，达到防范系统性风险、逆周期调节的目的，弥补微观审慎监管和传统资本流动管制工具在防范资本流动冲击方面的不足。例如，在托宾税为0.1%的情况下，一次外汇买卖就要缴纳0.2%的托宾税，如果在每个交易日都做交易，一年按240个交易日算，托宾税的成本将是48%；如果每周都做，则一年托宾税成本是10%。

的实际行动让其主动显示出所属类型。对于正常的商品贸易、长期的直接投资等低频交易来说，成本占微小比例。可见，通过这种单一税率，对不同频率的交易者，可以实现不同的税负效果。由于托宾税主要通过电子交易系统征收，征收技术成本很低。需要注意的问题是：其一，要处理好托宾税与资本项目原有的额度管理的衔接。其二，中国的资本项目取消额度管理和行政审批、引入托宾税之后，会对离岸市场的发展造成冲击，需要协调好离岸市场、香港与内地市场的关系。

# 第七章 现实因素三：亚投行将改变现行国际金融体系

亚投行客观上将成为一个跨越亚洲、欧洲、拉丁美洲的国际性多边金融机构，对未来金融格局的影响在不断扩大，将对正在变化中的以美元为主导的国际金融体系形成补充，并将有力推动现行金融体系的改革。

## 第一节 亚投行将重塑国际货币体系

### 一、世界经济重心转移与国际经济秩序塑造

亚投行是一个中国主导的政府间的多边金融机构，将运用贷款、股权投资及提供担保等融资方式为包括交通、能源、电信、农业和城市发展在内的各个行业的亚洲区域的基础设施提供投资。亚投行创始成员国已达 57 个，将会发展成为一个世界性的基础设施投资银行。它的出现是适应国际经济重心转移的必然结果。纵观世界经济发展，随着世界经济重心不断转移，中心国家不断变换，由中国、英国、美国再到亚洲，国际经济或国际金融秩序也在随之变化。

中国与朝贡体系。从工业革命上溯 1000 多年，世界经济重心一直在中国，唐宋时期达到顶峰，宋朝经济总量占世界 GDP 的 65%，元朝占世界的 30%~35%，明朝占 45%，清朝康熙乾隆嘉庆年间的中国占 35% 左右，1820 年的中国

GDP 也占世界的 32.9%，超过欧洲各国 GDP 总和。在这一千多年里，世界以中国作为经济重心，存在一种等级森严的同心圆状的中国对外关系的网状结构，是一种朝贡贸易体系，中国以德治来维护秩序，由于中国经济自给自足及国内市场广阔，并不依赖海外市场。清朝后期，由于闭关锁国，加之西方列强的侵略，白银因战争赔款大量外流，国力迅速衰落，世界经济重心因而远离中国。

英国与金本位制。18 世纪开始的工业革命推动了世界的巨大进步，1815~1914 年曾被称为"英国霸权"时期。英国成为世界经济中心，其殖民地遍布世界，成为"日不落帝国"，1860 年的英国总人口占世界人口的 2%，却生产了全球 53% 的钢铁和 50% 的煤炭，消耗了世界 1/2 的原棉，控制着 1/3 的世界海运，其煤、铁、纺织品产量超过了法、美、德三国总和，其强大的海军实力有效地保障了自由贸易的顺利进行。当时英国的工业在欧洲约占 60%，占全世界约 45%，是不折不扣的"世界工场"。在自由贸易的旗帜下，大多数国家都进入了英国主导的贸易网，这一体系成为各国资本投向和获取财富的重要途径。1816 年，英国的《金本位制度法案》从法律上确立了金本位制。由于英国主导着世界经济，金本位制实际上是英镑本位制，英镑成为世界货币，与黄金一起发挥着世界货币的功能。

美国与美元本位制。19 世纪末美国经济总量就已超过英国，1913 年其黄金储备占世界的 26.6%，远远超过英国的 3.4%。"一战"后，美国的综合实力超越了英国。"二战"后，英国主导的金本位制度终结，美国主导的布雷顿森林体系得以确立，其核心是美元与黄金挂钩，其他国家的货币与美元挂钩，实行固定汇率制度，确认了美元在国际金融体系中的霸主地位。20 世纪 70 年代初，美元危机爆发，美国宣布放弃维持黄金和美元的比值义务，布雷顿森林体系瓦解。1976 年签订"牙买加协定"，其特点是世界储备货币以美元为主，延续美元本位制，但是美国可以滥发货币却不必承担维护汇率稳定的义务。正是由于美元的这种无约束性，导致国际金融危机周期性的频繁发生，因此世界各国一直试图通过地区机制重塑国际金融新秩序。其中影响最大的就是欧洲货币一体化的努力，亚洲金融危机后各国寻求国际金融新机制，通过区域金融合作（如亚洲多边外汇储备和金砖银行），减少危机时对以 IMF 为首的国际金融组织流动性救助的依赖。由于美国的阻挠，IMF 和世行等国际金融机构的改革难以继续，其他国家纷纷绕开美国，另起炉灶。

亚洲呼唤新的金融体系。21 世纪初，以中国为代表的新兴市场和经济体发展迅速，成为世界经济增量的最主要贡献者。亚洲有世界最大的市场，有全球 60% 以上的人口，其中中国有近 14 亿人口，约占世界人口的 1/5，印度有 12 亿人口，再加上日本、韩国等其他国家，亚洲拥有一个成长中的庞大消费群体。在亚洲，中国现在的 GDP 约占世界总量的 12% 以上，日本、韩国也都是 GDP 生产大国，亚洲的 GDP 总量占世界的 20%~30%。显然，世界经济重心已转移至亚洲。但是亚洲发展中国家普遍基础设施状况较差，随着经济发展与生活水平不断提高，已进入到基础设施大发展阶段，资金需求巨大。据亚行报告，包括中国在内的亚洲基础设施在 2010~2020 年需要 8 万亿美元。例如，印度计划在 2013~2018 年投入 1 万亿美元兴建基础设施，其中有一半资金需要引进外资。面对亚洲如此巨大的资金需求，现行的以美国为中心的国际金融体系无法满足，由美日主导的亚洲开发银行更无法满足，急需建立新的国际金融组织支持亚洲的共同发展。此时已经成为亚洲经济增长引擎的中国却具备了对外投资的充分条件，一是中国上升为第二经济大国，2014 年人均 GDP 为 7485 美元，已进入对外直接的快速增长阶段。2013 年 4 月，博鳌论坛上习近平就提出，未来 5 年中国对外投资规模将达到 5000 亿美元。二是目前中国拥有 3.6 万亿美元庞大的外汇储备，具有对外投资的实力和愿望，如果巨额外汇储备能合理有效使用，促进资本和金融项目逆差，也必然会促进中国的国际收支平衡。在这种背景下，在亚洲成立新的国际金融组织暨成立亚洲基础设施投资银行为亚洲的经济发展提供充分的资金支持就显得尤为必要。中国经过 30 多年改革开放，经济实力雄厚，外汇储备充足，积累了丰富的基础设施投资经验，向亚洲区域基础设施进行直接投资，既可使中国提高外汇储备的投资效益，也可为亚洲的经济起飞奠定基础。因此，由中国倡议发起成立亚洲基础设施投资银行顺应了亚洲和世界经济发展的需要，也顺应了国际金融体系变革的要求。

## 二、中国崛起与现行国际金融体系的矛盾

现行国际金融体系以美元为主，形成了以美元为主导的汇率体系，国际货币基金组织、世界银行是这种金融体系的执行机构。以美元为主的国际金融体系存在着不可调和的矛盾，即"特里芬悖论"。自 20 世纪 70 年代以来发生的国际金融危机都与美元滥发有关。2008 年国际金融危机的主因就是美元滥发，先是造成世界性的通货膨胀，然后又因美国各大金融机构倒闭而引发世界性的通缩，世界经济被激荡的美元从浪尖推入波谷，陷入空前的危机。危机发生后，美国又通过量化宽松货币政策再度滥发美元，使美元大幅贬值，促使美国的出口好转，就业增加，美元的避险功能反而增强，并开始升值。因此美国成为经济恢复最快的国家，而其他经济区却仍然在困境中徘徊，全世界都在为美国造成的金融危机买单。事实上，只要美元不受约束地发行，国际金融危机就会周期性发生。在这样的机制之下，IMF 对危机的调节是无效的，对于连续发生的 1997 年亚洲金融危机、2008 年金融危机和仍在延续的欧债危机，IMF 都束手无策或处理不当，世界银行也同样无所作为。美国作为国际储备货币的发行国，其货币政策只求对美国自己有利，而不顾忌对世界经济稳定的影响。鉴于国际金融体系的上述弊端和造成的危害，各国都在积极寻找出路，各种区域性的双边与多边安排层出不穷，国际金融体制发生了"事实上的改变"。例如欧元区不断扩大、亚洲的外汇储备基金被寄予期望、金砖银行成立并建立了 1000 亿应急储备安排，这些区域性安排都成为减少对美元依赖和破除美元霸权的现实可行的方式。

亚洲地区拥有全球最高的储蓄，但却不由自己支配，而由美国为主导的国际金融体系配置。亚洲通过经常项目顺差持有美元、再通过购买美国国债使得美元流入美国，支持了美国的经济发展，但美国却认为全球经济失衡是亚洲地区高储蓄的结果。因此，将亚洲的储蓄转化为对本地的投资，这也是亚投行的重要使命。

对中国来说，面临的问题则更多。除了在世界经济和金融体系中缺少话语权，现行国际货币体系也给中国带来了沉重的现实压力。中国目前外汇储备余额为 3.6 万亿美元，占全世界的 1/3，这本是巨大优势，但由于投资方向单一，外

汇占款作为我国基础货币的主要投放方式不断引发通货膨胀，高额的外汇储备成为沉重负担。外汇储备资产投资收益差也成为巨大困扰，2014 年前三个季度的对外投资年收益率为 6.3%，对外负债年收益率为 12.6%，投资收益总体为负，原因是我国对外金融资产以高流动性、低风险的储备资产为主，但对外负债却是高回报的外国来华投资。因此中国急需寻找外汇储备的有效投资和适应国际货币金融体系变化的新途径，分流外汇储备，优化对外投资结构，提高投资收益水平。因此，中国筹建亚投行"在某种意义上是被逼的"，是想让现行的国际金融体系更公平，更有活力，更能满足整个国际社会对金融和资金的需求。

### 三、亚投行是以发展中国家为主体寻求共同发展的国际金融机构

亚投行有利于人民币争取成为国际储备货币。目前人民币已经开始成为周边国家的储备货币，有超过 60 家央行投资了人民币，IMF 也表示考虑将人民币纳入 SDR 货币篮子，英国 2014 年成功发行 30 亿元以人民币计价的国债并称其收入用作英国外汇储备，欧洲央行也考虑将人民币纳入其外汇储备货币资产。亚投行在继续推行人民币成为国际储备货币方面能够起到积极作用，由于现行货币体系是以美元为主导的国际金融秩序，发展中国家为避免货币风险而积极扩大外汇储备，但由于美元的周期性贬值导致人民币风险极大，"亚投行"作为我国"一带一路"战略的实施机构，在人民币跨境贸易结算不断扩大的基础上，可促进人民币的对外直接投资和贷款。同时，亚投行还有利于形成以人民币为核心的融资网络。美国、欧盟、日本、瑞士、英国、加拿大六家央行于 2013 年 10 月同时宣布已达成长期、无限、多边货币互换协议，这意味着主要发达国家之间的多边货币、无限的超级储备货币网络已成形，国际货币互换成为国际上货币制度安排的新特点。中国与 21 个国家央行签订了总额 4000 亿美元的货币互换协议，也形成了人民币的货币互换网络，那么中国主导的亚投行成立后，事实上也会形成以人民币为核心的融资机制和网络。从未来看，人民币将首先在亚洲形成主要储备货币，同时也会在欧洲等发达国家成为储备货币，并逐渐向国际储备货币发展。

亚投行有利于稳定人民币汇率。长期来看，美元仍然呈衰落之势，但短期

内，美元仍然是周期性上升的态势，其避险功能在增强，地位有所提高。而发展中国家的货币由于基本都是盯住美元的汇率安排，均呈贬值态势。美国作为货币发行国在经济低迷就使用宽松政策，经济好转就收紧货币政策，完全从本国利益出发，连美国的传统盟国也感到失望。亚投行一经出现，就拥有52个创始成员国，英国、法国、德国、意大利、巴西、新西兰、俄罗斯等国纷纷申请，这说明现行的国际金融体系不能回应发展中国家及其他发达国家的诉求，要寻求新的国际金融机构来解决经济中面临的问题。因此，美元的长期贬值趋势可能加剧，短期升值趋势周期可能缩短。据研究人民币兑美元2015年贬值在2%~3%，但对其他货币均呈明显升势，亚投行带动的是中国的大规模对外投资，甚至是人民币形式的对外投资，因此国际市场对人民币的需求持续增大，人民币将趋坚挺。我国央行对外汇市场干预逐渐放开，允许市场供求在决定汇率、扩大汇率浮动区间以及增加汇率弹性上起到更大的作用，也有利于人民币币值稳定并呈升值态势。

亚投行可能成为国际金融体系的重要机构。亚投行不是国际金融机构的简单复制，也不寻求与其他国际金融机构的对抗，而是应运而生，并与其他国际金融机构互为补充、合作发展。但亚投行有别于世界银行和亚行。就功能来看，亚投行作为亚洲区域多边开发机构，重点是支持亚洲地区基础设施互联互通，具有"造血功能"，而世界银行和亚开行则主要致力于全球和区域范围内的减贫项目，仅是"输血功能"。就运行模式看，亚投行将是一个公开、透明、包容的国际机构，中国不寻求对亚投行的垄断权力，欢迎亚洲和欧美等西方国家参加成为创始成员国，这种合作共赢、大家协商的开放举措，符合经济全球化和多元化的要求，而世界银行和亚行的局限性明显，世界银行是美国意志的体现，亚行则是美日主导。未来，亚投行的影响无疑是全球性的，除了直接有助于亚洲更完善、更现代化的基础设施和经济发展以外，亚投行将演变成全球性的基础设施投资银行，改变以美元为主导、世界银行和IMF为执行机构的旧有国际金融秩序，将极大地重塑全球金融新秩序。亚投行是以发展中国家为主体寻求共同发展的一种金融组织形式，是发展中国家走出现有国际金融体系困境的重大举措，是探索建立新型国际金融体系的一个重要组成部分，意味着中国在国际金融体系中占有一席之地并提升话语权，发展中国家在国际金融体系中将不再无足轻重，而是成长为重要一极。亚投行既是中国的需要，也是亚洲的需要，更是世界的需要。

# 第二节　亚投行与"一带一路"战略

即将成立的亚投行和已经发布的"一带一路"愿景和行动方案对中国的政治和经济发展具有重大意义。这两大举措把中国的对外开放格局已基本勾勒清楚，对世界经济的发展也将是重要的推动力量。亚投行和"一带一路"目标一致，互为支撑，相互呼应，实现两者顺利对接是推进"一带一路"和亚投行发展的关键。

## 一、亚投行和"一带一路"可以有效促进国际经济秩序的改变

"一带一路"作为我国的对外投资战略构想，可以促进与周边国家区域经济一体化的发展，它主要在中国的延伸大陆带与延伸大陆带的有关海域进行了大布局，是对国际合作及全球治理新模式的积极探索，将会对以发达国家为主导的传统国际经济秩序形成制衡，从而改变世界经济格局。亚投行的创始成员国已达57个，将会成为一个跨越亚洲、欧洲、拉丁美洲的国际性多边金融机构。它的成立将会有力地推动国际金融体系变革，对"二战"以后形成的以美元为主导的国际经济体系形成冲击，以中国为代表的发展中国家可能成为重要一极。

"一带一路"和亚投行的出现是世界经济重心向亚洲区域转移的必然结果。世界经济秩序先后经历了中国与朝贡体系、英国与金本位制、美国与美元本位制等几次转换，现行秩序已不适应世界经济发展的要求，布雷顿森林体系崩溃以来世界经济危机周期性发生，其根源在于以美元为主导的国际金融秩序导致世界经济周期性失衡。正如本次金融危机中，美国的金融危机通过美元传导到世界。在经济复苏中，因美元的避险功能而使全球资本又流向美国，促使其经济率先复苏，而其他各国还处在低迷之中。因此，欧洲各国不顾美国反对纷纷加入亚投

行，也反映了他们对现行体系不能带领其走出经济危机的失望和不满。同样，在现行的以美元为主导的国际金融体系之下，以亚洲国家为代表的新兴经济体虽然积累了大量外汇储备，但大部分流入美国，使亚洲国家基础设施建设资金极度匮乏，亚洲呼唤新的国际金融体系以支持亚洲区域的共同发展。因此"一带一路"和亚投行的出现正是顺应了世界经济重心转移和发展的潮流，中国发出"一带一路"倡议和成立亚投行的设想，赢得了广泛欢迎。

亚投行和"一带一路"是各方利益的聚合。一是共同利益，加入亚投行和"一带一路"国家的共同利益在于走出低迷状态，加快复苏，整合资源，实现共同发展。2008年的金融危机至今没有结束，欧洲经济深陷泥潭，美国的复苏脆弱，金砖五国也在困难中前行。事实证明，每个国家或区域仅靠自身力量难以走出危机，必须各国联手，寻求共同发展，合作共赢才能实现世界经济的真正复苏。二是发展中国家的利益，亚洲等发展中国家的基础设施落后，亚投行和"一带一路"可以满足其巨大的资金需求，达到吸引外资、更新设备、引进技术和开发资源的目的。三是发达国家的利益，发达国家有先进的技术和设施，但缺乏资金，而亚投行和"一带一路"可以提供资金。四是中国利益，中国的困境在于产能过剩、巨额的外汇储备成为包袱，希望进行产业转移、输出资本，让外汇储备变成外汇资本提高其投资效益。"一带一路"作为中国横跨亚欧的国际区域合作战略，是促进各国互联互通、减少贸易投资壁垒、实现贸易自由化、金融一体化、人民币国际化的"新丝绸之路"。"一带一路"对中国区域经济平衡发展的作用在于西部内陆成为对外开放的前沿，有助于改变中国最贫穷地区的落后状态，缩小与东部沿海发达地区的差距，增强国家的整体竞争力，实现区域均衡发展。由上述分析可见，各国都需要一个进行资源整合的平台，而亚投行和"一带一路"将成为最好的平台，各国将在这个平台上寻找利益的交汇点，实现各方利益。

## 二、实现亚投行与"一带一路"的对接

亚投行与"一带一路"有许多交汇点，二者可以实现以下方面的有效对接。

基础设施建设是亚投行和"一带一路"最大的交汇点和投资重点。"一带一

路"将是世界上最大的基础设施投资区域，目前沿线国家基础设施落后，急需投资建设涵盖铁路、公路、航空、水运等的立体式交通走廊，打通包括油气、水电、煤电、太阳能、风能等能源大动脉，构建涉及电信、宽带、互联网等的信息一体化网络。亚投行作为多边开放性的世界性金融机构，主要投向是基础设施建设，"一带一路"沿线必然成为亚投行的重点投资区域。

亚投行和"一带一路"项目的对接。一是亚投行作为"一带一路"的投融资平台，可以解决亚洲区域的资源错配问题，实现其储蓄和投资的有效配置，并在全球吸引资金，进行全球融资和全球性投资，支持亚洲和世界其他区域的基础设施发展。"一带一路"则是中国冲破目前困境的一大举措，可以改善"一带一路"沿线国家的投资环境预期。二是"一带一路"沿线国家和地区有海量项目，大多数靠自己无法完成，需要引进外部资金。亚投行的资金要寻找项目，可以在"一带一路"的项目中按照市场的需求进行筛选。"一带一路"目前已经启动了一批重大合作项目，包括建设一批产业园区，打造分工协作、共同受益的产业链和经济带。例如中巴经济走廊、孟中印缅经济走廊、中国—哈萨克斯坦物理合作基地等项目建设，这些项目都将成为亚投行的投资重点。随着"一带一路"中外双边的重点项目陆续签署，亚投行与"一带一路"可以实现资金与项目的对接，进行股权投资或贷款，并切实推进这些"一带一路"的项目建设。三是我国以往的对外直接投资都是以央企为主，但在"一带一路"建设中，民营企业将成为主力军，因为近年来我国民营经济占 GDP 总量已经超过 60%，民营经济固定资产投资占全社会固定资产投资的比重也超过 60%，民营经济在对外投资中也必将成为主导力量。因此国家要通过亚投行和丝路基金给予民营企业大力支持，鼓励其参加"一带一路"建设。可以预计，未来的二十年将是我国民营企业成为跨国企业的黄金时期。

亚投行与"一带一路"创新性机制的对接。亚投行与"一带一路"采用的都是政府推动、市场运营的模式，这种让"看不见的手"和"看得见的手"同时作用于同一个目标，并在各自的领域同时发挥作用的运作方式，应是世界经济发展模式的创新。随着世界经济的发展，各国政府的作用日益显现，特别是经济全球化的到来赋予了政府更多的职能和责任。这次亚投行和"一带一路"的兴起，如果没有各国政府的推动，不可能这么快地达成几十个国家的共识，这显示了政府强势运作的能力。但亚投行和"一带一路"的具体运营必须是市场化的，必须以经济效益为中心，让市场在配置资源中起决定性作用。亚投行不能套用世行、亚行以及IMF等机构所谓的最高标准，因为世行标准和许多操作流程成本过高，不适合实际需要。亚投行应创立新的机制，制定更简洁、容忍度更高的操作标准，简化审批程序，降低运营成本，提高办事效率。

亚投行和"一带一路"与欧洲战略投资计划的对接。英国、法国、德国、意大利积极加入亚投行，目的是为解决其经济走向复苏急需的资金问题。继欧洲量化宽松货币政策之后，欧盟于2015年3月10日批准了3150亿欧元的战略投资计划，希望通过公共及私营部门投资来提升欧洲竞争力和解决就业难题。这一投资计划，首先设立210亿欧元的欧洲战略投资基金，其中160亿欧元主要用于基础设施、教育、交通、研究创新、可再生能源等长期投资项目，50亿欧元主要用于中小企业融资等。该基金将通过贷款、贷款担保以及参股等形式，给私营部门项目提供融资，欧盟希望用这笔基金在2015~2017年撬动来自私营部门的约3000亿欧元投资。欧盟国家非常关心中国的"一带一路"战略，在欧盟出台战略投资规划之机，相关国家积极加入亚投行，希望亚投行、欧洲战略投资计划、"一带一路"三者实现积极对接。除对大型跨国公司、重大基础设施、能源项目及大型金融机构以外，要加强对中小企业、节能减排、战略性新兴产业提供投融资服务。通过亚投行促进人民币对欧洲的对外直接投资和股权投资，英国曾率先将人民币国债收入作为其外汇储备，在伦敦致力于建立全球最大的人民币离岸中心，而法兰克福、布鲁塞尔、瑞士等也都有建设人民币离岸中心的考虑。因此，这种对接，正是促进中欧全面合作的有利契机。亚投行也可以学习到以战略资金去撬动资本，以及对欧洲高技术产业进行股权投资，提高资金运营、资本市场运作的能力。

## 三、亚投行的运作模式有助于"一带一路"防范投资风险

通过调研及分析发现，企业的"一带一路"投资面临较大风险。一是准备不足。目前各地政府正在配合"一带一路"出台相应的投资规划，但存在着"大、快、急"的问题，即纷纷上大项目、匆忙决策、倒排时间，当作政治任务去完成，但对投资目标国的情况缺乏调查研究，甚至有些投资企业对中国与投资目标国之间已签订的自贸区协议也不甚了解，无法享受相应的优惠政策。我们这种过于急切的投资态度，反而引起一些沿线国的疑虑，他们由一般的欢迎投资变为选择性投资，有些国家甚至对我们的投资进行挑剔和指责。二是市场风险。"一带一路"沿线多为发展中国家，有些国家投资风险很高，如果不重视市场规律和投资收益，就可能遭受重大损失，这方面已经有前车之鉴。例如我国对非洲坦赞铁路的投资，建成后基本荒废，代价高昂；对委内瑞拉、津巴布韦等的投资也因其经济萎缩或接近崩溃而无力偿还投资和贷款。三是政治风险和安全风险。如果在投资目标国家发生政权更替、制度变化、战争或动乱，都会影响到投资安全。这方面我国在伊拉克、利比亚、缅甸、泰国都是有教训的，例如伊拉克、利比亚的战争和动乱对中国投资及贸易造成很大的损失，泰国的政治风险使中国高铁计划搁浅，缅甸的政治风险使中国投资的密松电站被迫停工，等等。四是投资项目忽视社会责任，对当地造成污染，被当地以安全审查为由暂停或关闭等。

亚投行的核心理念是精干、廉洁、绿色，如果亚投行与"一带一路"实现有效对接，其健康运行机制显然可以很好地帮助"一带一路"规避投资中的各种风险。亚投行在机构建设上，将高度精简、全球招聘、杜绝机构臃肿，其董事会不像世界银行那样设置常驻董事会和办事机构，而是定期召开会议听取项目汇报。亚投行将聘请一些著名经济学家包括最支持基础设施建设的保罗·克鲁格曼，对基础设施和城市化有独到研究的保罗·罗默，还有在世界银行做过副行长的发展经济学家林毅夫等，这些经济学家将为亚投行和"一带一路"建设提供更加丰富的基础设施投资的理论指导和咨询。亚投行在从事基础设施投资中，将会十分重视生态环境的保护和改善，会重视搬迁居民的利益，亚投行会促进绿色经济和低

碳经济的发展，实现人类和自然的和谐共处，从而可以很好地帮助"一带一路"更好地担负社会责任。亚投行是一个新兴多边开发银行，通过和现有的多边银行的合作，撬动私营部门的资金，合理分担风险，利益共享。它可以建立一套完整的基础设施投资项目风险防范机制，正好可以在与"一带一路"的项目对接中帮助这些项目预防风险。

亚投行可以深化互联互通，推动"一带一路"建设。这都有利于"一带一路"沿线国家的发展，也将给沿线国家以及其他国家和地区带来更多的贸易和投资机会，帮助拉动这些国家的经济复苏，这对全球经济的可持续发展、增加全球的总需求都是非常重要的。

## 第三节 中非金融合作深化对"一带一路"区域内以亚投行为主导的金融合作的启示

### 一、开发性金融是中非金融合作的形式

中非合作论坛第六届部长级会议将于 2015 年底举行，未来将会推动中非关系全面转型升级，中非经贸合作也从贸易、投资更多地转向金融合作。梳理中非金融合作的轨迹，发现其不同于中美或中欧之间以市场为主导的商业性金融合作，而更多呈现出鲜明的开发性金融的特点。开发性金融是指为基础产业或重点领域（能源、电力、交通、水利、环境等）或为落后地区或为某种特殊战略重要性的产业，提供信贷等各项金融服务的总称。开发性金融与政策性金融并不相同，政策性金融强调政策需要，出现亏损国家补贴，而开发性金融开展的是符合国家发展战略但不亏损的业务。例如基础设施、基础产业、支柱产业和支持"走出去"的产业，业务随国家战略的导向会有所变化，但经营方针是"保本微利"，要能实现自我可持续发展。在各国投资需求中，发展融资需求特别是基础设施投

资需求巨大。基础设施投资能够在经济低迷时期有效促进增长，而且基础设施是解决贫困和促进包容性增长的关键。由于传统的商业金融体系中缺少中长期融资业务，开发性金融则可以弥补这种缺陷，特别是对那些发展中和转轨中的国家而言，开发性金融就更为重要和不可替代。

开发性金融机构是非洲金融机构的重要组成部分，在推动非洲经济合作、区域一体化及各国开发性投资等方面起着至关重要的作用，可分为区域、次区域和国家开发性金融机构三个层次。目前在非洲开发性金融机构协会注册的区域和次区域开发性金融机构共 11 家，包括非洲开发银行、非洲进出口银行、阿拉伯非洲经济发展银行及非洲开发银行与第三方合作建立的非洲开发基金等区域开发性金融机构，西非开发银行、东南非贸易和开发银行、南非开发银行和东非开发银行等次区域开发性金融机构。而非洲的国家开发性金融机构有 55 家，存在于各国，如安哥拉非洲投资银行和肯尼亚开发银行等。由于非洲的金融市场不发达，其金融服务体系并不完善，只能主要依赖于区域和次区域多边金融开发机构合作，在双赢和多赢的前提下建立融资新机制，开展出口信贷、项目融资、银团贷款等种类丰富的金融产品。

而中非金融合作可追溯到 1985 年中国人民银行加入非洲开发银行开始，中国人民银行在中非金融合作中始终起到主导作用。中国人民银行向非洲开发银行的软贷款窗口——非洲开发基金累计承诺捐资 6.15 亿美元，参与其多边减债行动，支持非洲减贫和区域一体化；中国人民银行于 2014 年贷款给非洲开发银行 20 亿美元融资，共同设立了"非洲共同增长基金"，用于非洲基础设施及工业化建设。中国人民银行于 2000 年 8 月入股东南非贸易和发展银行，2004 年 10 月入股西非开发银行，拥有这两家次区域性金融机构的独立董事席位，并与东南非贸易发展银行建立了双边技术合作基金用于技术援助和人员培训项目。

中非合作论坛于 2000 年成立，该论坛逐渐成为中国和非洲国家的集体对话机制，每 3 年举办一届部长级会议，成为推进双边实质性合作的顶层设计机制。由非洲进出口银行和中国进出口银行共同主办的中非金融论坛也在上届中非论坛设立，以推动中非金融合作的深入发展。更多实质性的金融合作措施在中非合作论坛上发布和设立，除了中国人民银行参与的上述合作以外，其他都是由政策性金融机构承担的。合作内容包括：一是进出口银行提供的服务包括进出口融资、援外优惠贷款和对外投资贷款。中国进出口银行是对非洲优惠贷款的唯一承贷行，这种向非洲国家提供的具有援助性质的中长期低息贷款，是对传统的无偿、无息等援助方式的重大补充，其审批和发放以申请国特定建设项目为基础，受到非洲国家广泛欢迎，已有 20 多个非洲国家与中国签订了优惠贷款协议。在 2006 年、2009 年、2012 年的第三、第四、第五届中非合作论坛上，优惠贷款规模不断扩大，从 2006 年的 50 亿美元增长到 2014 年的 300 亿美元，重点支持非洲基础设施、农业、制造业和中小企业发展。二是国家开发银行承担的两项基金。中非发展基金于 2006 年设立，规模为 20 亿美元；非洲中小企业专项贷款于 2009 年设立，目前运作良好。国家开发行目前支持的主要是"两基一支"，即基础设施、基础产业、支柱产业和后来的支持"走出去"，将陆续启动一些关系非洲长远发展的基础产业和基础设施项目建设。三是中国信用保险公司提供的政策性信用保险。中国出口信用保险公司成立于 2001 年，配合国家外交、外经贸、产业、财政和金融政策，通过政策性出口信用保险工具，助力企业规避贸易风险和扶持企业"走出去"，非洲市场是其业务重点，2015 年 1~7 月，中国在非洲承保金额为 112 亿美元，增速远超同期贸易增速，充分发挥在推动中非经贸合作中的衔接保险、贸易、融资等的优势，提供完善的风险保障机制。

当然，中非商业性金融也有初步性合作。中非贸易 2014 年超过 2000 亿美元，中国对非直接投资截至 2015 年初存量超过 300 亿美元，中国大型商业银行也加快走入非洲的步伐。大部分非洲国家商业银行网点严重不足，而南非银行业则相对发达，其标准银行等通过控股、持股或开设分支机构等方式在多个非洲国家开展业务，目前进入非洲的中国银行、中国工商银行、中国建设银行及中国交通银行其共同特点都是在南非设分行，而后向周边国家辐射和拓展业务。例如，中国银行 20 世纪 90 年代进入非洲，目前在南非约翰内斯堡和赞比亚有两家分行开放了人民币账户业务，同时在加纳、乌干达、埃及、肯尼亚通过与当地银行合作设立了中国业务柜台为当地提供相关服务，而约翰内斯堡中国银行分行在

2015 年 7 月成为在非洲的首家人民币清算行，这将大大推动人民币的跨境交易和投资便利。再如，中国工商银行 2008 年以 55 亿美元并购了南非标准银行 20%的股份，成为其最大股东，共享客户、网络及信息等资源，由此布局非洲 20 多个国家，初步建立了分支机构网络。中国建设银行也通过其约翰内斯堡分行承担主要业务并通过代理行辐射到周边国家。

综上所述，开发性金融是中非金融合作的主要方式，政策性金融机构承担了多层次金融合作，商业金融还刚起步，开发性金融无疑将继续在中非金融深化中起主导作用。中非合作论坛作为重要的战略平台，需要继续发挥进出口银行、国家开发银行等政策性银行的作用，推动对非援助、低息贷款或基础设施投资，发挥优惠贷款、中非发展基金、中非共同成长基金、中小企业专项贷款的作用。双方也在商谈建立中非联合融资基金或基础设施投资基金，帮助非洲缓解融资瓶颈和提升融资规模。要继续深化与非洲的区域、次区域金融组织合作，非洲开发银行行长卡贝鲁卡也表示正在谋求非开行与亚投行的合作。他认为基础设施建设已经成为非洲发展的标志，非开行作为非洲最大的地区性政府间开发金融机构，到 2013 年底，贷款和援助款总额的近 2/3 都投向了非洲的基础设施领域，但是，每年基础设施投资缺口仍为 500 亿美元，非开行希望以大型重点基础设施项目为载体来促进合作。此举既可以为非洲经济转型和可持续发展奠定基础，也可以推进人民币在非洲区域的计价、结算及投融资功能的发挥。而 2014 年 9 月创办的非洲 50 基金会定位为"非洲基建投资银行"，可能发展成为未来的"非投行"，与未来亚投行的直接合作的空间亦很大。

## 二、对"一带一路"区域内金融合作的启示

虽然主流经济学随着凯恩斯主义、新凯恩斯主义、新保守主义的变迁，强调市场作用，限制政府干预，认为当市场化运作为主导时，政策性金融和开发性金融就不再重要了。日本、美国、德国都有这种历史，例如在亚洲金融危机期间，德国邮储银行、欧洲投资银行都启动转型，从基础设施建设贷款转向支持中小企业发展。日本的长期信用银行注重长期项目融资，不吸收存款主要靠发债，但是

随着日本经济泡沫破灭出现巨额损失而倒闭。不过，本轮金融危机以后，开发性金融重新得到重视，中国的国开行、巴西的开发银行在中长期开发和投资中发挥了重要作用的经验在国际上受到关注，以及最近欧盟推出的"容克计划"也期望依靠欧洲投资银行来实施对大型基础设施的长期投资以整合欧洲整体资源来促进地区发展平衡。

"一带一路"作为中国的对外经济开放整体战略，对周边国家进行总体布局，通过对外投资促进国际产业转移来加强国际产能合作，金融业将发挥主要的带动作用。上述的中非开发性金融合作应该会成为"一带一路"区域的金融合作范本。政策性银行应该在"一带一路"战略中发挥引擎和主导作用。前不久，国务院批准了由央行牵头起草的政策性金融机构改革方案，2015 年 7 月 15 日和 7 月 20 日国家外汇储备通过其投资平台公司分别向国开行注资 480 亿美元、向中国进出口银行注资 450 亿美元，在推动"一带一路"建设的关键时期，两家政策性银行将积极服务国家战略，发挥已有的中长期投融资和国际业务经验和优势，加强与区域、次区域金融机构以及合作国中央银行、开发性金融机构等的合作，坚持贷款与投资相结合、重大项目与民生项目相结合，开展国际结算、贸易融资、银团贷款等业务，以开发性金融更好地促进区域内经济的可持续增长。此外，中国还要推动区域内投融资平台建设，有序推进亚投行、金砖开发银行、上合组织开发银行的筹建，与世界银行、亚行等原有的开发性金融机构加强合作，共同推动区域经济的一体化发展。因此，亚投行可以发挥作为区域性多边开发银行的作用，积极借鉴中国国家开发银行在开发性金融方面的丰富经验，针对亚洲国家以及"一带一路"延伸区域的广大非洲国家，并结合中国将要设立的南南合作援助基金（首期提供 20 亿美元，支持发展中国家落实 2015 年后发展议程，中国将增加对最不发达国家投资，力争 2030 年达到 120 亿美元），充分发挥基础设施投资银行的作用。亚投行是亚洲地区南南合作的一个重要里程碑，相较于美国的"重返亚洲"战略或者当年日本的雁阵模式，亚投行结合"一带一路"战略充分体现了中国积极参加亚洲发展并且愿意所有亚洲国家包括其他域外参与国家共享发展成果的决心和信心。

# 第八章 现实因素四：亚投行加速人民币国际化

亚投行筹办以来进展迅速，其组织章程的签约仪式已完成。中国以 297.8 亿美元的认缴股本和 26% 的投票权，成为现阶段亚投行第一大股东和投票权占比最高的国家。域内国家和域外国家的出资比例为 75：25，这充分体现了亚投行为发展中国家代言的特点。亚投行作为中国倡议成立的多边性国际金融机构，对中国人民币国际化战略将起到积极促进作用。但是，亚投行在走向高标准的国际金融机构的过程中，要注意自身风险和人民币国际化进程中的货币风险，确保亚投行为全世界带来福祉的同时，积极推动人民币成为亚洲区域货币和全球储备货币。

## 第一节 亚投行的成立将改变亚洲金融体系的格局

### 一、亚投行将成为中国参与国际金融体系的重要平台

中国倡议成立亚洲基础设施投资银行，正是顺应了国际金融体系变革的要求。中国经过 30 多年改革开放，经济实力雄厚，外汇储备充足，基础设施投资经验非常丰富，投资亚洲的基础设施，既可以为亚洲的经济起飞奠定基础，也有利于提高中国外汇储备的投资效益。

亚投行是在世界银行和亚洲开发银行之外成立的又一个新的国际性金融组

织，也将对世界金融格局的改变产生巨大影响。这是亚洲国家摆脱美国束缚、主宰自身经济和金融命运的重大举措，这种自主联合发展亚洲经济的探索具有深远的历史意义。事实上，成立亚投行是对美国的金融霸权提出了严峻挑战，因此美国不但拒绝加入亚投行，还阻挠其他国家加入亚投行。但事实证明，美国没能阻挡亚洲及欧洲国家联合发展的脚步。亚投行将会成为中国参与国际金融体系重塑的重要平台，将成为一个跨越亚洲、欧洲、拉丁美洲的国际性多边金融机构，将对正在变化中的以美元为主导的国际金融体系形成补充，将有力推动现行金融体系的改革，对未来国际金融格局的影响将不断扩大。其影响无疑是全球性的，它是以发展中国家为主体寻求共同发展的一种金融组织形式，意味着中国在国际金融体系中将有一席之地，发展中国家在国际金融体系中将不再无足轻重，而是成长为重要一极。

## 二、亚投行将成为国际发展融资体系的重要机构

亚投行的建立，为国际发展融资机制注入了新鲜血液。国际发展融资机制就是通过国际合作的方式提供全球公共产品的一种途径，它就是为实现世界经济和社会的可持续发展和共同发展，以非纯粹市场交易方式动员并转移各类具有（准）公共产品性质发展资源的一种国际安排。其目的在于解决世界各国由于发展起点不同、市场机制缺陷、外部发展约束等原因所产生的发展不平衡问题，并最终实现全球可持续发展。国际发展融资机制产生与发展中国家的发展背景密切相关。鉴于发展中国家长期落后造成的先天不足，发展援助机制将成为反贫困反饥饿的主要途径。在经济全球化时代，如何建立积极、稳定、有效的资金筹集、分配和保障创新机制，是国际发展面临的重要课题。已有的国际发展融资机构包括世界银行、亚洲开发银行、非洲开发银行、美洲开发银行等区域性金融机构并已经取得了很大的成效。亚投行与已有国际融资体系形成了互补关系，这种关系有利于存在巨大基础设施建设资金需求的广大发展中国家尤其是亚洲国家，也有利于国际发展融资体系的建设。

## （一）亚投行在国际发展融资中的战略定位

亚投行能起到弥补国际社会资金配置中的"市场失灵"的功能，因为发展中国家（包括亚洲）的基础设施投资存在巨大的资金缺口，而已有的发展融资体系的功能有限，亚投行能满足部分亚洲地区基础设施的长期性融资需求，引导社会资金向亚洲地区交通、通信、能源、环保、农业等领域流动，缓解亚洲经济发展的瓶颈制约和薄弱环节，促进亚洲经济一体化。

亚投行在一定程度上能够推动国际发展融资体系的多元化趋势。从现有的国际发展融资格局看，亚投行使得旧的发展融资体系中的力量结构有所调整，由发达国家主导的现有国际发展融资机构，特别是全球性机构世界银行，不愿向印度、中国及巴西等新兴经济体大规模引入资本，同时又没有有效的制度吸引足够的资金，援助能力明显不足。新兴经济体，像中国、印度等国拥有大量的外汇储备，尤其中国拥有新兴经济体一般的外汇储备，但在国际发展融资体系中没有相对应的投票权和发言权，亚投行在一定程度上可以增强新兴经济体和发展中国家在发展融资领域的地位，进一步增强区域性发展融资的实力。

## （二）亚投行是对现有国际发展融资体系的补充

亚投行从治理结构上看，属于南南合作发展融资机构，主要受借款国股东控制，不同于以往的世界银行、亚洲开发银行等机构。亚投行的成员主要为发展中国家，投票权将以基本票与加权票为基础。基本票只面向创始成员国，计算占比为基础，而加权票的分配以出资占比为基础。因此，按照这一规则，愿意出资50%（500亿美元）的中国将成为第一大股东，而印度则是第二大股东。中国也一再表态，愿意出资50%表明中国对亚投行的强有力支持，中国并不寻求"一股独大"，随着成员国的增多，中国的占股比例会相应下降。

亚投行将构建更适用于发展中国家的、无偏见的发展融资标准，因为在发展融资的标准和原则方面，基于南南合作，发展中国家反对过分强调"发展援助"本身，认为经济增长的主要动力来自于发展中国家自身，发展援助服务必须源于国家整体发展战略。中国在30余年的改革发展进程中，形成了独特的"中国发展经验"和"开发式扶贫"等有效做法，尤其是国家开发行已经形成了丰富的开发性金融的经验，未来可以充分吸收这些经验和运作模式。而其他新兴经济体和发展中国家也在减贫中进行了丰富的探索，能够深刻理解自身特有的发展历程以及彼此遇到的共同问题和困难。亚投行将会尊重借款国对发展道路的选择，不会在金融危机或者发展重大基础设施项目建设时，因为进行发展融资而附加政治条件或干涉借款国的内部经济事务。亚投行能够制订、实施更具灵活性和针对性的贷款方案。

### (三) 亚投行与现行国际发展融资业务的竞争性

在重点业务领域、供资能力及贷款条件上，亚投行将对已有国际发展融资机构形成一定的竞争。在业务领域上，"基础设施建设"是现有的国际发展融资机构的重要业务领域，是达到减贫和社会发展目标的重要途径。例如 ADB 的《2020战略》列出"基础设施建设"是十大重点领域之一。2013 年 ADB 向亚太地区批准的 210.2 亿美元贷款中有 60%用于基础设施建设，这些领域包括交通运输和信息通信技术、能源、供水和其他市政设施服务等相关设施，同时用于教育、卫生和社会保障等"包容性增长"重点领域的资金却不足 7%。中国作为亚投行的主导方，对外援建的基础设施项目包括铁路、公路、机场、电力设施等，遍及非洲、亚洲、中东欧和拉美等地区，在项目规划、建设以及融资方面积累了非常丰富的经验，国际竞争力很强。例如在水利基础设施领域，中国在海外 74 个国家参与了约 304 个水坝建设。亚投行的建立，使得发展中国家获取贷款的渠道增多，在一定程度上和一定范围内，与传统的国际发展融资机构在优质项目上存在竞争关系。

在未来的供资能力上，亚投行的初始法定资本为 1000 亿美元。这一规模约为 ADB 现有法定资本的 2/3，而 ADB 在 2009 年增资前的法定资本仅为 550 亿美元。亚投行的初始认缴资本为 500 亿美元。57 个意向创始成员国代表 2015 年6 月 29 日在北京出席了"亚洲基础设施投资银行协定"的签署仪式。根据协定，亚投行开展业务的方式包括直接提供贷款、开展联合融资或参与贷款、进行股权投资、提供担保、提供特别基金的支持以及技术援助等。亚投行的业务分为普通业务和特别业务。其中，普通业务是指由亚投行普通资本（包括法定股本、授权募集的资金、贷款或担保收回的资金等）提供融资的业务；特别业务是指为服务于自身宗旨，以亚投行所接受的特别基金开展的业务。两种业务可以同时为同一个项目或规划的不同部分提供资金支持，但在财务报表中应分别列出。除了各个成员国缴纳的股本金以及贷款或担保收回的资金外，亚投行需要通过获得 AAA 评级在国际资本市场进行筹资，主要是以发债等方式低成本筹集资本，这些资金是未来亚投行普通业务的核心资本。与此同时，亚投行将设立特别基金，为一些特殊的业务进行融资。未来亚投行也将欢迎成员为亚投行设立单一或多用途的信托基金提供捐款。这样在符合亚投行协定相关规定的前提下，亚投行的不同资本和不同基金共同为亚洲地区基础设施建设和互联互通的发展提供融资，做出贡献，这也是现有的国际多边开发机构比较普遍应用的融资方式。普通业务和特别业务在投资的收益状况上可能会有所差别。市场化程度高、收益也相对高一些的项目可被列为普通业务，通过一般的业务流程来进行决策和投资。但是还有些项目，其投资迫切性很强，亟须上马，但收益性差一些，这时候，可以通过特别基金来融资，并且通过特别的投资决策环节来进行投资，这就是特别业务。关于亚投行股本及投票权问题，协定规定，亚投行法定股本为 1000 亿美元，分为 100万股。域内外成员认缴股本在 75∶25 范围内以 GDP 为基本依据进行分配。据此计算，中方认缴股本达 297.8 亿美元，占总认缴股本的 30.34%，目前为亚投行第一大股东。与此同时，中国投票权占总投票权的 26.06%，为现阶段投票权占比最高的国家，印度和俄罗斯的投票权居第二和第三位。不过，今后随着新成员的加入，中国和其他创始成员的股份和投票权比例均可能被逐步稀释。

　　贷款条件的竞争性。亚投行有能力以合理的利率提供长期贷款，其标准类似于已有国际发展融资机构的"硬贷款"（比如世界银行的 IBRD 贷款和 ADB 的OCR 贷款)。世界银行贷款是指由世界银行的国际复兴开发银行和国际开发协会提供给发展中国家的政府和由政府担保的公私机构的优惠贷款，国际复兴开发银行贷款条件不很优惠，俗称"硬贷款"；国际开发协会信贷，条件优惠，俗称"软贷款"。世界银行的 IBRD 的资金来源为世界资本市场发行债券，因此 IBRD的贷款称为"硬贷款"，IBRD 的贷款对象可以是政府也可以是企业，主要分为项目贷款、非项目贷款、结构调整贷款以及联合贷款四种贷款。ADB 的 OCR 贷款是指亚洲开发银行向亚太地区的发展中成员体提供贷款、担保、股本投资、赠款和技术援助，其中贷款来自于普通资金源以及亚洲开发基金。ADB 的 OCR 贷款是为中等收入国家提供的准市场利率贷款；ADF 为捐赠基金，每四年进行一次增资，向贫困国家提供优惠贷款（长期限、低利率）和赠款。2014 年，ADF 最主要的受益国分别是巴基斯坦、孟加拉国、越南、尼泊尔和柬埔寨，其贷款利率主要取决于其融资成本和盈利能力。融资成本的重要影响因素是信用评级，一般而言，国际发展融资机构大部分资金都来自于国际资本市场融资。因此，未来亚投行将通过国际资本市场融资逐渐扩大资产总额，主要方式是发行债券。毫无疑问，风险越高的债券须向投资者支付的利率就越高。由于世界银行、亚洲开发银行、非洲开发银行等机构都具有非常高的信用评级（AAA），所发行的债券具最低风险，向投资者支付的利率就最低。如果信用评级稍低，评级为"AA–"的话，其融资成本就高。作为政府间机构，特别是在运行的早期阶段，亚投行的信用评级很大程度上受资本结构和成员国政府信誉的影响。与已有的国际融资机构相同，亚投行将凭借所有者权益（包括实收资本和所积累的公积金）和可随时催缴资本在国际资本市场上发行债券，而可随时催缴资本在数额上往往比所有者权益大得多，此时成员国政府信誉相当于是亚投行提供给国际资本市场的融资担保。来自高评级国家的可随时催缴资本占比直接影响了评级结果，而来自低评级国家的可随时催缴资本根本不被计算在内。由于中国的主权债券评级在亚投行的所有创始国中是相当高的，中国承诺出资 50%对于亚投行的信用评级显然有积极影响。即便未来亚投行不具有"AAA"评级（其融资成本可能高于世界银行和亚洲开发银行等机构），但根据国际发展融资的长期实践经验，这并不意味着它无法提供具有竞争力的贷款利率。下面来分析关于亚投行的信用评级问题。

对多边开发银行进行评级的机构，目前是标普、惠誉和穆迪三家评级机构的市场影响力最大。具体评级方法有所不同，但都考虑两个方面：一是内部财务状况，主要以资本充足率和流动性指标为主，这与一般商业银行评级类似；二是外部股东支持力度，主要考虑待缴资本及股东支持等。前者形成对多边开发银行的初步评级，再加上后者，最终形成该多边开发银行的评级结果。就目前情况看，由于中国是最大股东国，按照现有的评级方法，在欧洲国家加入之前，亚投行的最低信用评级很大程度上与中国的主权信用评级一致，为 AA-。随着 17 个欧洲国家的加入，国际舆论给予了积极的肯定，认为此举将提升亚投行的信用评级，进而降低融资成本。但是，欧洲国家的加入能否将亚投行的信用评级提高到 AAA 还需要慎重考虑。在惠誉方法中，只有英国、德国、法国、瑞典、卢森堡等的待缴资本才会提升信用评级，而意大利、爱尔兰等的待缴资本则不会对评级产生影响。在标普方法中，只认可主权评级高于多边开发银行的股东待缴资本。在穆迪评级中，则认可主权评级为 AAA 至 BBB-股东的待缴资本，所有欧洲国家的待缴资本都将有助于亚投行提高评级。目前域外、域内国家分别占 25%、75% 的股份，因此域内国家仍然为主要股东，域内成员国只有澳大利亚和新加坡为 AAA 评级，股份最大的中国和印度，评级分别为 AA-和 BBB-。域外成员国中，德国、法国、英国、瑞典、卢森堡等目前为 AAA 评级，但是这些国家经济体量较小，域外国家只能在 25%的股份中进行分配。按照现有评级方法，上述 AAA 评级的欧洲国家对最终评级的贡献将非常有限。因此，亚投行信用评级能否提升到 AAA，还不确定，但最终评级很大可能应该高于中国主权信用评级（AA-）。

综上所述，亚投行对已有国际发展融资机构形成了有益补充。亚投行主要致力于亚洲地区的基础设施建设，加强区域互联互通与经济合作，以加速成员国和地区经济发展，这与已有国际发展融资机构的宗旨与职能各有侧重。显而易见，已有国际发展融资机构的实力相对于发展中国家（包括亚洲）的基础设施建设的资金缺口而言，存在明显不足，还多由发达国家主导，所提供的发展项目融资不够切合受援国实际，在项目设计和实施、贷款发放率等方面都有待提高。毫无疑问，亚投行将推动国际发展融资体系的多元化趋势，提升新兴经济体、发展中国家以及借款国在发展融资体系中的地位，基于南南合作理念，推行更适合于发展中国家的发展融资标准。在重点业务领域、供贷能力、贷款条件等方面亚投行对目前的国际发展融资机构已经构成了挑战。在互补与竞争的互动关系中，发展中国家基础设施建设的融资渠道能够得到拓展，全球性与区域性的国际发展融资体系也能够共同推进国际发展融资体系的构建，使其更具有包容性。

在亚投行积极参与国际发展融资体系的构建中，亚投行还可通过采用人民币注资和基于人民币的贷款项目推动新兴经济体的跨境支付体系和国际货币体系的多元化，积极推动人民币国际化在亚洲区域的使用。

# 第二节　亚投行将促进人民币成为亚洲区域性货币

## 一、人民币国际化的基础在不断增强

中国于 2009 年提出人民币国际化战略，这是在美元本位制已经成为世界经济严重失衡的重要因素的背景下产生的。历次国际金融危机都与美元滥发有关，2008 年国际金融危机也不例外。金融危机发生后，美国通过量化宽松货币政策滥发美元促使其经济恢复，而全世界都为美国造成的金融危机买单，陷入危机而不能自拔。IMF 对危机的调节是无效的，世界银行也同样无能为力。美国作为国际储备货币的发行国，其货币政策只求对美国自己有利，而不顾忌对世界经济的负面影响。鉴于上述弊端，各国都在积极寻找出路。我国也适时提出了人民币国际化战略，试图减少美元危机对我国经济的影响，希望通过利用人民币进行境外贸易结算、对外投资、成为国际储备货币，而积极推进人民币国际化。

目前，人民币国际化的基础在不断增强。人民币已经成为全球第 2 大贸易融资货币、第 5 大支付货币、第 6 大外汇交易货币。人民币在跨境贸易和直接投资中的使用规模稳步上升，截至 2014 年底，人民币跨境收支占本外币跨境收支的比重上升至 23.6%。2014 年，经常项目人民币结算金额为 6.55 万亿元，对外直接投资（ODI）人民币结算金额为 1865.6 亿元，外商来华直接投资（FDI）人民币结算金额为 8620.2 亿元。境外人民币资产不断上升，截至 2014 年底，主要离岸市场人民币存款余额约 2 万亿元，人民币国际债券未偿余额 5351.1 亿元。截至 2015 年 4 月末，境外各国中央银行或货币当局持有人民币资产余额约 6667 亿元。截至 2015 年 5 月底，中国人民银行与 32 个国家和地区的中央银行或货币当局签署了双边本币互换协议，协议总规模约 3.1 万亿元人民币。在 15 个国家和地区建立了人民币清算安排，覆盖东南亚、西欧、中东、北美、南美和大洋洲等地，支持人民币成为区域计价结算货币。

## 二、人民币成为亚洲区域性货币的积极作用

人民币国际化不仅是中国自身发展的要求，也是亚洲经济发展的要求，人民币成为亚洲的区域性货币是人民币国际化的阶段性目标，亚投行的成立对人民币成为亚洲的区域性货币具有积极的推进作用。

一是亚投行将为中国成为资本净输出大国助力。中国目前已成为资本净输出国，2014 年对外投资规模约为 1400 亿美元左右，超过利用外资约 200 亿美元。因此，人民币国际化也由主要为境外人民币结算进入到利用人民币进行对外投资阶段。亚投行的设立，将有效满足这一需求，提升人民币在亚洲地区的辐射作用。

二是亚投行将促使人民币对外投资多样化。中国是许多亚洲国家的第一大投资国。亚投行按照多边开发银行的模式运作，主要向亚洲的主权国家的基础设施项目提供主权贷款、股权投资及提供担保等，以振兴亚洲地区国家的交通、能源、电信、农业和城市发展等各行业投资。亚投行还考虑设立信托基金，针对不能提供主权信用担保的项目，引入公私合作伙伴关系模式（PPP），实现私营部门的参与，更好地支持亚洲的低收入国家的基础设施建设。根据亚投行对外投资多元化的需求，中国作为其最大股东，可以借助亚投行在亚洲区域进行多样化的对外投资，以加速人民币国际化进程，进而成为亚洲区域的主要投资货币。

三是亚投行有助于推动人民币成为亚洲国家的储备货币。美元是主要的国际储备货币，在 1997 年亚洲金融危机后，发展中国家特别是亚洲国家为避免货币风险都积极扩大对美元的外汇储备，但美元的周期性贬值又给各国的外汇储备带来了很大的风险，中国是最大的外汇储备国，风险尤其大。2008 年的金融危机各国都为美元贬值付出了惨重代价。因此，中国积极构建人民币的货币互换网络

以减轻这种风险，亚投行成立后，将形成以人民币为核心的融资机制和网络，积极促进利用人民币对外贷款和对外投资，促使人民币在亚洲形成主要储备货币，减轻和避免美元周期性贬值造成的储备货币风险，同时也减轻我国巨额外汇储备的压力。

# 第三节　亚投行促进人民币国际化在亚欧发展

## 一、亚投行投资"一带一路"推进人民币国际化

亚投行和"一带一路"将会进行战略对接，打造出"一带一路"区域的新的国际产业链。"一带一路"构想是通过对外投资和贸易来推动的。通过对基础设施投资，借助沿线节点城市的枢纽优势和当地资源优势，强化产业优势，打造贸易优势，形成区域内新的国际分工格局。在这个产业链条中，围绕中国的贸易和投资可分为三层：第一层是制造业产业链，包括以中巴经济走廊、孟中印缅经济走廊为中心的东亚、东南亚制造业产业链，以及西亚、中东欧、南欧的制造业产业链；第二层是连接中国、俄罗斯、中亚五国的能源产业链；第三层是中国和欧洲发达国家构成的技术贸易和以金融合作为主的服务贸易产业链。

在"一带一路"区域内，亚投行作为金融平台可以推进基础设施投资和区域内的全面金融合作，通过要素和资源整合来提升区域的竞争优势，通过产业转移形成新的产业链，创造国际物流、产业加工、促进商贸的服务等各种需求，形成"一带一路"的区域产业链。这个拥有30亿人口的"一带一路"区域，将发展成为亚欧之间增长最快的经济带。在这个经济带内，中国通过人民币对外直接投资和股权投资，同时推进区域内贸易链形成，进一步扩大人民币的贸易结算，使人民币成为这个区域的结算、投资和储备货币。

## 二、亚投行开拓欧洲业务促进人民币国际化

中国积极筹建的亚投行，让疲弱的欧洲看到了机遇。英国、法国、德国、意大利等欧洲主要国家加入亚投行后，亚投行的视野也投向了欧洲，积极加强欧亚整体合作。

欧盟战略投资规划可与亚投行进行积极对接。欧盟财长于 2015 年 3 月 10 日批准了欧盟委员会主席容克提出的 3150 亿欧元的投资计划，这和欧洲央行于 2015 年 3 月 9 日开始实施的欧洲量化宽松货币政策一起试图解决欧元区疲弱的经济复苏和通缩压力。投资计划的内容是设立 210 亿美元的欧洲战略投资基金，并利用这笔基金在 2015~2017 年能够撬动私营部门约 3000 亿欧元投资。该战略投资基金在 2015 年中正式启动，由欧盟委员会和欧洲投资银行共同组建并注资，通过贷款、贷款担保及参股等形式给私营部门项目提供融资，希望在未来三年内吸引更多私人投资，即欧洲战略投资基金每 1 欧元的投资将带动 4 欧元的私人投资，通过公共及私营部门投资来提升欧洲竞争力和解决就业难题。这 210 亿美元的战略基金来源是：欧委会从欧盟预算中出资 160 亿欧元用于基础设施、教育、交通、研究创新、可再生能源等长期投资项目，欧洲投资银行将出资 50 亿欧元用于中小企业融资等项目。欧洲国家拥有高技术产业，其资金运营、资本市场运作的能力较高，希望以战略资金去撬动资本，其未来与亚投行的合作空间很大。

利用亚投行对欧洲进行基础设施投资。亚投行可以购买优质欧洲国债，积极参与欧洲基础设施投资，在结算、融资、外汇、投资等方面实现全面金融服务的合作。加强与欧元区的战略合作与业务互补，为欧洲基础设施提供人民币的贸易融资、项目融资和信贷，建立人民币代理清算，开展跨境人民币业务。亚投行还可利用欧洲资本市场进行投融资，可以尝试在欧洲发行人民币债券，尝试对基础设施领域进行股权投资。

# 第四节　亚投行推进人民币国际化要注意风险防范

## 一、亚投行本身要注意风险

亚投行作为一个多边金融机构本身存在一系列潜在风险。由于基础设施的建设周期长、难度大、融资风险高，特别是基础设施投资还面临很多复杂因素的干扰，亚投行存在投资项目本身的财务风险、运营风险、项目设计风险、项目质量保障风险、国家安全性风险（政变或经济危机）、项目还款无保障等风险。比如缅甸20世纪90年代初向亚洲开发银行借了很多钱，由于政权更迭和西方国家制裁缅甸，缅甸政府就不再还钱，导致亚洲开发银行和世界银行产生了很大一笔坏账。再如希腊经济最近发生困难，产生了对IMF的债务违约。如何防范这些风险和设计风险防范机制，对于亚投行尤为重要。

亚投行存在扩大金融杠杆、提高投融资效率的挑战。亚投行注册资本总额为1000亿美元，但实际上这些成员国只有20%的实缴资本，也就是说目前亚投行真正的资本金大概只有200百亿美元，剩下的800亿美元是通过到资本市场发债和筹资获得，只有充分利用金融杠杆才能够扩大实际可用的金融资源，因此机构的信用评级就非常重要。但是全球评级行业都是美国控制的，所以，对亚投行的信用评级未来不能抱过高期望。目前亚洲开发银行、世界银行都是三A评级，由于信誉好，利率就低，贷出的资金利率也低。但如果国际评估机构的评级低，发债成本就高，贷出资金的利率也高。因此，如何维护好的信誉，减少风险，降低融资成本，也是亚投行面临的重要挑战。

亚投行的治理机制也面临挑战。在实践中，在亚投行高管层的组成、投票权的分配、否决权的使用等重大问题上，如何兼顾效率公平、协调各国诉求、平衡各方利益、稳步推进亚投行的决策制定、正常运营将来都是很棘手的问题。

面对以上挑战和风险，亚投行要充分发挥后发优势，积极借鉴和学习国际上较为成熟的基础设施投资的经验和做法，要在基础设施管理、跨国法律事务、国际资本运作、国际事务协调等领域在全球范围内吸收人才，借鉴经验，充分把握控制项目投资风险。亚投行的成员国之间要积极进行沟通，以民主、公开、透明的方式决策重大事项，使得亚投行能够为全球带来真正的福祉。

## 二、亚投行要注意人民币汇率风险

人民币国际化使得中国的汇率风险增大。人民币国际化战略从 2009 年开始，2014 年前汇率一直是升势，进入 2014 年后汇率波动较大。2014 年出现贬值 2.5%，是自 2005 年汇改以来的首次年度贬值。2014 年人民币兑美元汇率可谓一波三折，1 月至 6 月初的人民币兑美元汇率由 6.05 下跌至 6.26，6 月至 11 月底，人民币兑美元汇率由 6.26 上升至 6.14。2015 年人民币汇率也在反复波动，2014 年 12 月初至 2015 年 1 月底，人民币兑美元汇率由 6.14 再次下跌至 6.26 左右，2 月开始回升，6 月为 6.11。人民币汇率和新兴市场货币指数从 2014 年下半年开始趋同，尽管中国内地的利率水平相对较高，但是跨境资本对人民币的需求反而下降。

汇率贬值主要受以下因素影响：一是人民币兑美元汇率的每日波动幅度于 2014 年放宽至正负 2%，人民币汇率波动也随之增大。二是随着美元汇率自 2014 年 6 月底开始逐步上涨，美元指数从 75 攀升至 85，这得益于其经济的强劲复苏，强势美元导致人民币承压。三是"衰退性顺差"给汇率带来很大压力。2015 年 1~5 月，中国对外贸易总额相比 2014 年同期下降了 8%，出口同比增加了 0.7%，进口同比下滑 17.3%，这些数据说明内需极度疲弱，出口持续低迷。从趋势上看，2015 年，人民币虽有小幅贬值 3%~5% 的风险，但不可能出现大幅贬值，预计 2015 年人民币中间价会在 6.13~6.25 震荡，随着美元进入升值周期，人民币波动将会加剧。如果人民币汇率长期贬值显然不利于人民币国际化和资本投资海外。因为在美元强势背景之下，企业开始调整财务运作方式，重新配置资产负债表的币种头寸。在银行间外汇市场，美元从供过于求转为供不应求。从市场交易主体来看，人民币汇率波动性上升，其风险因子逐步显现。

亚投行在对接"一带一路"战略时，既要考虑到建立"一带一路"区域的国际产业带，推进人民币成为亚洲区域货币，又要注意中国外汇体制改革动向。如果中国资本项目全面开放，可能导致资金大进大出，人民币汇率波动剧烈，将会对亚投行的人民币业务运营造成不利影响。因此，未来亚投行在人民币对外业务上，要充分考虑人民币汇率的影响因素，措施选择上既要积极推进人民币国际化，又要考虑到人民币汇率波动不断上升的相关性风险，设立相应的风险控制机制。

从趋势看，人民币汇率2015年虽然有小幅波动，并在今后可能继续贬值。但是随着中国经济企稳和大规模对外投资的趋势不断加强，国际市场对人民币的需求将持续增加，人民币从更长期来看是升值态势，所以亚投行推进人民币国际化风险可控，有利于其业务健康发展。

# 参考文献

## 英文

［1］Allan M. Malz. Financial Risk Management ［M］. Hoboken, N. J.: Wiley Publication House, 2011.

［2］Barbara Stallings. Financial Liberalization, Crisis and Rescue: Lessons for Chinafrom Latin America and East Asia? ［R］. LAEBA (Latin America/Caribbean and Asia/Pacific Economics and Business Association) Working Paper, 2004.

［3］Barry Eichengreen. BOK Working Paper No.2014-31, International Currencies Past, Present and Future: Two Views from Economic History ［R］. www.bok.or.kr.

［4］Beck & Rahbari. Optimal Reserve Composition in the Presence of Sudden Stops: The Euro and the Dollar as Safe Haven Currencies ［R］. ECB Working Paper, 2008.

［5］Benveniste L.M. and Berger A.N. Securitization with Recourse ［J］. Journal of Banking and Finance, 1987.

［6］Byoung Ho Bae. The Role of Financial Factors in the Business Cycle and the Transmission of Monetary Policy in Korea ［J］. BOK Working Paper, No.2013-30.

［7］A. Boot, A.V. Thakor. Banking Scope and Financial Innovation ［J］. Review of Financial Studies, 1997.

［8］Bordo and Flnadreau. Core, Periphery, Exchange Rate Regimes and Globalization ［R］. NBER Working Paper, No.8584, 2001.

［9］ Carlos A. Primo Braga and Gallina A.Vincelette. Sovereign Debt and the Financial crisis ［M］. Ann Arbor, MI: ProQuest, 2011.

［10］ Cecchetti. Legal Structure, Financial Structure and the Monetary Policy Transmission Mechanism ［J］. Economic Policy Review, 1999.

［11］ Chinn M. D. and Ito H. What Matters for Financial Development? Capital Controls, Institutions and Interactions ［J］. Journal of Development Economics, 2006.

［12］ Choongsoo Kim, Financial Markets in Korea ［R］. Published in March 2013, www.bok.or.kr.

［13］ Chung H. Lee. Financial liberalization and the Economic Crisis in Asia ［M］. London NewYork: Routledge, 2003.

［14］ Courtenay C. Stone. Financial risk ［M］. Boston: KluwerAcademic Publishers, 1989.

［15］ Davis E. P. and Steil B. Institutional investors ［M］. Cambridge, MA: MIT Press, 2001.

［16］ Demirgue-Kunt A. and Detragiaehe E.F inancial Liberalization and Financial Fragility ［J］. IMF Working Paper, 1998.

［17］ Demirguc-Kunt and R. Levine, eds., Financial Structure and Economic Growth: A Crosscountry Comparison of Banks, Markets and Development ［M］. Cambridge (Mass.) and London: MIT Press, 2001.

［18］ Dimitris N. Chorafas. Sovereign debt crisis ［M］. Houndmills, Basingstoke, Hampshire NewYork: Palgrave Macmillan. 2011.

［19］ Dooley Landau and Garber. An Essay on the Revived Bretton Woods System ［R］. NBER Working Paper, No.9971, September-2003.

［20］ Dutta. The TheOry of Optimum Currency Area Revisited: Lessons From the Euro from the Euro/Dollar Competitive Currency Regimes ［J］. Joyrnal of Asian Economics, 2005 (16).

［21］ Eales. Financial risk management ［M］. London: McGraw-Hill Book Co.,

1995.

[22] Edward B. Flowers and Francis A. Lees. The Euro, Capital Markets and Dollarization [M]. Lanham, MD: Rowman& Littlefield Publishers, 2002.

[23] Eichengreen B. J., Mathieson D. J. The Currency Composition of Foreign Exchange Reserves –retrospect and Prospect [M]. Washington D.C.: International Monetary Fund, 2000.

[24] Eichengreen (U.C.Berkley), Poonam Gupta (International Institute of Public Finance and Policy, Delhi). The Real Exchange Rate and Export Growth: Are Services Different?[R]. BOK Working Paper, No.2013–17.

[25] Estrada. Financial development and economic growth in developing Asia [M]. Manila: Asian Development Bank, 2010.

[26] Fabio Pizzutilo.Eurozone Equity Market Diversification: Is It Still Worth? [J]. Chinese Business Review, vol.1, 2012.

[27] Gerard Caprio, Patrick Honohan and Joseph E. Stiglitz. Financial liberal-ization [M]. Cambridge New York: Cambridge University Press, 2001.

[28] Gold smith R. W. Financial Structure and Development [M]. Yale: Yale University Press, 1969.

[29] Gourinchas P. O. and H. Rey. International Financial Adjustment [J]. Journal of Political Economy, vol.115, 2007.

[30] Gourinchas P.O. Valuation Effects and External Adjustment: A Review, in Current Account and External Financing [C]. Kevin Cowan, Sebastian Edwards and RodrigoValdes, eds.Series on Central Banking, Analysis and Economic Policy, vol.8, Banco Central de Chile, 2008.

[31] Gros and Thygesen. European Monetary Integration: From the European Monetary System to Economic and Monetary Union [M]. London: Longman, 1998 (2ndEd).

[32] HosungLim (BOK), Bang Nam Jeon (Drexel University), Ji Wu (Penn-

sylvania State University–Harrisburg）. The Impact of Foreign Banks on Monetary Policy Transmission during the Global Financial Crisis of 2008–2009: Evidence from Korea ［R］. BOK Working Paper. No.2014–08.

［33］ Hyun Euy Kim. Is Money Growth Still Useful for Predicting Inflation in Korea?［R］. BOK Working Papers, Jan.18, 2007.

［34］ IMF. Globalization and External Imbalances ［R］. IMF World Economic Outlook. Washington. D. C.: April, 2005.

［35］ Jack Joo K.Ree （IMF）, Kyoungsoo Yoon （Bank of Korea）, Hail Park （Bank of Korea）. FX Funding Risks and Exchange Rate Volatility? Korea's Case ［R］. BOK Working Paper, No.2013–12.

［36］ Jaeho Yun （EwhaUniversitiy）, Hyejung Moon （BOK）. Measuring Systemic Risk in the Korean Banking Sector via Dynamic Conditional Correlation Models ［R］. BOK Working Paper, No.2013–27.

［37］ Jin Q. Jeon （Dongguk Univ.）, KwangKyu Lim. Bank Competition and Financial Stability: A Comparative Study of Mutual Savings Banks and Commercial Banks in Korea ［R］. BOK Working Paper, No.2013–18.

［38］ Joan Robinson. The Generation of the General Theory, in The Rate of Interest and Other Essays ［M］. London: Macmillan, 1952.

［39］ Joseph S. Nye and Jr., Understanding International Conflicts ［M］. New York: Harper Collins, 1993.

［40］ Kim Choongsoo. Financial Institutions, Markets and Infrastructure in Korea ［R］. December 2011.www.bok.or.kr.

［41］ Klaus Liebscher.Financial Development, Integration and Stability ［M］. Cheltenham Glos: Edward Elgar Publishing, 2006.

［42］ Mckinnon R.L. Money and Capital in Economic development ［M］. Washington D.C.: Brookings Institution, 1973.

［43］ Mckinnon R. The Unloved Dollar Standard: From Bretton Woods to the

Rise of China [M]. Oxford University Press, 2012.

[44] Mundel. Currency Area Exchange Rate Systems and International Monetary Reform [J]. Paper delivered at Universidad del CEMA, April-17-2000.

[45] Mundel. The International Monetary System: The Missing Factor [J]. Journal of Policy Modeling, 1995, Vol.17 (5).

[46] Neil R. Ericsson, Sunil Sharma. Broad Money Demand and Financial Liberalizationin Greece [J]. Empirical Economics, vol.23, 1998.

[47] Niels Hermes, Robert Lensink. Financial Development and Economic Growth: Theory and Experiences from Developing Countries [M]. London New York: Routledge, 1996.

[48] Nicholas M. Odhiambo. Interest Rate Reforms, Financial Deepening and Economic Growthin Tanzania: A dynamic linkage [J]. Journal of Economic Policy Reform, vol.13, 2010.

[49] Obstfeld M. and K. Rogoff. The Intertemporal Approach to the Current Account [R]. In Handbook of International Economics, vol.3, edited by Gene M. Grossman and Kenneth Rogoff. Amsterdam: North-Holland.1995.

[50] Paul J. J. Welfens and Cillian Ryan, Editors. Financial Market Integration and Growth [C]. Berlin: Springer-Verlag Berlin Heidelberg, 2011.

[51] Phillippe Jorion, Sarkis Joseph Khoury. Financial Risk Management [M]. Cambridge, Mass.: Blackwell Publishers, 1995.

[52] Ryou Hyunjoo, Kwon, Na EunLee and Jae Ho. Effects of Exchange Rate Fluctuationson Domestic Service Prices [J]. Dec.12, 2014.www.bok.or.kr.

[53] Scammel. The Stability of the International Monetary System [J]. Totowa Rowman & Littlefield Press, 1987.

[54] Stijn Claessens and Tom Glaessner.Internationalization of Financial Services in Asia [M]. Bethesda, Md.: Congressional Information Service, Inc., 1998.

[55] RBI. Annual Report of the RBI for the Year 2013-2014, Aug 21, 2014.

http: //rbi.org.in/scripts/AnnualReportPublications.aspx? year=2014.

[56] RBI. Financial Stability Report (Including Trend and Progress of Banking in India 2013 –2014) December 2014 [EB/OL]. http: //rbi.org.in/scripts/BS_Press-ReleaseDisplay.aspx? prid=32873.

[57] RBI. Macroeconomic and Monetary Developments 2014 –2015 in India [EB/OL]. http: //rbi.org.in/scripts/PublicationsView.aspx? id=15734.

[58] RBI. Spillovers from Unconventional Monetary Policy–Lessons for Emerging Markets–Christine Lagarde, IMF Managing Director at Reserve Bank of India, March 17, 2015 [EB/OL]. http: //rbi.org.in/scripts/BS_SpeechesView.aspx? Id=947.

[59] RBI. Report on Foreign Exchange Reserves, 2015 [EB/OL]. http: //rbi.org.in/scripts/PublicationsView.aspx? id=16203.

[60] Robert M. Townsend and Kenichi Ueda.Financial deepening, inequality and growth [M]. Washington D.C.: International Monetary Fund, 2003.

[61] The Bank of Korea. The Korean Economy [EB/OL]. May 2014. http: //www.bok.or.kr.

[62] The Bank of Korea. Monetary Policy in Korea [EB/OL]. http: //www.bok.or.kr.

[63] The Bank of Korea, Monetary Policy Report [EB/OL]. September 2014. http: //www.bok.or.kr.

[64] Thomas Gries, Manfred Kraftand Daniel Meierrieks. Financial Deepening, Trade Opennessand Economic Growth in Latin America and the Caribbean [J]. Applied Economics, vol.43, 2011.

[65] Tobin. J. A proposal for International Monetary Reform [J]. Eastern Economic Journal, July–October, 1978.

[66] Voctor E. Argy. The Postwar International Money Crisis: An Analysis [M]. London: Allen & Unwin, 1981.

[67] Yung Ckul Park. RMB Internationalization and Its Implications for Finan-

cial and Monetary Cooperation in East Asia [J]. China & World Economy, vol. 2, 2010.

## 中文

[1] 爱德华·肖. 经济发展中的金融深化 [M]. 上海：上海三联出版社，1988.

[2] 巴罗·萨拉伊马丁. 经济增长 [M]. 北京：中国社会科学出版社，2000.

[3] 巴曙松，吴博. 人民币国际化进程中的金融监管 [J]. 中国金融，2005 (10).

[4] 巴曙松. 金融改革三步曲：股改、汇改与金融重组 [J]. 财经界，2005 (9).

[5] 白当伟. 全球化的新进展与货币政策国际协调 [J]. 国际金融研究，2010 (5).

[6] 白川方明. 宏观审慎监管与金融稳定 [J]. 中国金融，2010 (4).

[7] 白钦先. 发达国家金融监管比较研究 [M]. 北京：中国金融出版社，2003.

[8] 曹凤岐. 金融国际化、金融危机与金融监管 [J]. 金融论坛，2012 (2).

[9] 曹凤岐. 中国证券市场发展、规范与国际化 [M]. 北京：中国金融出版社，1998.

[10] 曹凤岐. 货币金融管理学 [M]. 北京：北京大学出版社，2008.

[11] 陈炳才. 全球化下的中国金融安全 [J]. 中国金融，2011 (22).

[12] 陈炳才. 贸易、投资与人民币国际化：国际金融趋势与人民币汇率政策 [M]. 北京：中国金融出版社，2011.

[13] 陈岱孙，厉以宁. 国际金融学说史 [M]. 北京：中国金融出版社，1991.

[14] 陈彪如. 经济全球化与中国金融开放 [M]. 上海：上海人民出版社，2002.

[15] 陈听雨. 欧洲央行：欧元区金融体系出现分化 [N]. 中国证券报，2012-09-04.

[16] 陈启清. 竞争还是合作：国际金融监管的博弈分析 [J]. 金融研究，2008

(10).

[17] 陈亚温，李双.欧元论 [M].太原：山西经济出版社，1998.

[18] 陈雨露，王芳，杨明.作为国家竞争战略的货币国际化：美元的经验证据——兼论人民币的国际化问题 [J].经济研究，2005（2）.

[19] 成思危.人民币国际化之路 [M].北京：中信出版社，2014.

[20] 戴道华.香港推出人民币期货简评 [J].银行家，2012（7）.

[21] 戴金平，熊性美.东亚货币合作的阶段确定与形态选择 [J].南开经济研究，2001（4）.

[22] 戴金平，万志宏.APEC 的货币金融合作：经济基础与构想 [J].世界经济，2005.

[23] 戴相龙.关于金融全球化问题 [J].金融研究，1999（1）.

[24] 戴相龙，黄达.中华金融辞库 [M].北京：中国金融出版社，1998（10）.

[25] 弗朗索瓦·沙奈.金融全球化 [M].北京：中央编译出版社，2006.

[26] 弗郎西斯·加文.黄金、美元与权力——国际货币关系的政治（1958-1971）[M].上海：上海人民出版社，2013.

[27] 格利·肖.金融理论中的货币 [M].上海：上海人民出版社，2006.

[28] 干杏娣.经济增长与汇率波动——美国百年汇率变动史 [M].上海：上海社会科学院出版社，1992.

[29] 龚刚，高坚，何学中.汇率制度与货币政策——发展中国家和小国经济的思考 [J].经济研究，2008（6）.

[30] 顾雪金.中美金融监管体制的比较与启示 [J].金融经济，2011（12）.

[31] 国际货币基金组织编.全球金融稳定报告：从流动性驱动的市场转向经济增长带动的市场（2014 年 4 月）[M].北京：中国金融出版社，2014.

[32] 国际货币基金组织.2014 年全球金融稳定报告 [M].北京：中国金融出版社，2014.

[33] 国际货币基金组织.2014 年年报 [M].北京：中国金融出版社，2014.

[34] 国家外汇管理局国际收支分析小组. 2014 年中国国际收支报告 [R]. 国家外汇管理局.

[35] 何德旭. 中国金融创新与发展研究 [M]. 北京：经济科学出版社，2001.

[36] 何帆，张明. 国际货币体系不稳定中的美元霸权因素 [J]. 财经问题研究，2005（7）.

[37] 霍华德，戴维斯. 全球金融监管 [M]. 北京：中国金融出版社，2009.

[38] 胡乃武. 汇率在货币政策中的作用：理论研究与国际经验 [M]. 北京：中国人民大学出版社，2013.

[39] 胡章宏. 金融可持续发展论 [M]. 北京：中国金融出版社，1999.

[40] 滑东玲. 转轨国家制度与金融自由化关系的实证研究 [J]. 金融研究，2006（1）.

[41] 何慧刚. 人民币国际化：模式选择与路径安排[J]. 财经科学，2007（2）.

[42] 黄金老. 金融自由化与金融脆弱性 [M]. 北京：经济科学出版社，2001.

[43] 黄金老. 论金融脆弱性 [J]. 金融研究，2001（3）.

[44] 黄关华. 欧元与国际货币体系的稳定性研究 [J]. 武汉理工大学学报（社会科学版），2005（3）.

[45] 黄静茹. 金融约束与金融有序发展 [M]. 北京：首都经济贸易大学出版社，2005.

[46] 黄梅波，林洋. 东亚金融危机之后东亚新兴债券市场 [J]. 世界经济，2007（4）.

[47] 黄梅波. 国际货币合作的理论与实证分析 [M]. 厦门：厦门大学出版社，2002.

[48] 黄梅波，熊爱宗. 论人民币国际化的空间和机遇 [J]. 上海财经大学学报，2009（2）.

[49] 黄梅波. 货币国际化及其决定因素——欧元与美元的比较 [J]. 厦门大学学报（哲学社会科学版），2001（2）.

[50] 黄益平. 国际货币体系变迁与人民币国际化 [J]. 国际经济评论，2009

(5-6).

[51] 黄泽民. 建设人民币外汇期货市场 [N]. 中国证券报，2013-03-07.

[52] 姜凌. 当代国际货币体系与南北货币金融关系 [M]. 成都：西南财经大学出版社，2003.

[53] 凯恩斯. 就业、利息和货币通论 [M]. 北京：商务印书馆，1988.

[54] 兰德尔·亨宁. 东亚金融合作 [M]. 陈敏强译. 北京：中国金融出版社，2005.

[55] 郎咸平. 外资参与股指期货会使中国经济崩溃 [N]. 证券日报，2010-11-24.

[56] 雷志卫. 欧洲货币联盟的理论基础与运作机制 [M]. 北京：中国金融出版社，2000.

[57] 雷蒙德·W.戈德史密斯. 金融结构与金融发展 [M]. 上海：上海三联书店，1995.

[58] 里斯本小组. 竞争的极限：经济全球化与人类未来 [M]. 北京：中央编译出版社，2000.

[59] 李扬，黄金老. 金融全球化研究 [M]. 上海远东出版社，1999.

[60] 李扬. 债券市场发展：亚洲面临的挑战 [J]. 国际金融研究，2003 (11).

[61] 李扬，何德旭. 经济转型中的中国金融市场 [M]. 北京：经济科学出版社，2007.

[62] 李扬. 国际货币体系改革及中国的机遇 [J]. 中国金融，2008 (13).

[63] 李扬. 推动国际货币体系多元化的冷思考 [J]. 南方金融，2010 (4).

[64] 李若谷. 国际货币体系改革与人民币国际化 [M]. 北京：中国金融出版社，2009.

[65] 李若谷. 全球金融危机与国际货币体系重构 [N]. 中国经济时报，2008-11-24.

[66] 林伯强. 外债风险预警模型及中国金融安全状况评估 [J]. 经济研究，2002 (7).

[67] 林毅夫. 关于人民币汇率问题的思考与政策建议 [J]. 世界经济，2007（3）.

[68] 刘遵义. 关注印尼可能出现的非理性金融恐慌 [J]. 全球化，2014（1）.

[69] 刘辉煌. 金融全球化与发展中国家的金融安全 [J]. 金融理论与实践，2001（7）.

[70] 罗伯特·米尼肯. 人民币的崛起：国际地位及影响 [M]. 北京：中信出版社，2013.

[71] 罗伯特·蒙代尔，保罗·扎克. 货币稳定与经济增长 [M]. 郭树勇译. 北京：中国金融出版，2004.

[72] 罗伯特·特里芬. 黄金与美元危机 [M]. 陈尚霖，雷达译. 北京：商务印书馆，1997.

[73] 罗纳德·麦金农. 经济发展中的货币与资本 [M]. 上海：上海三联书店，上海人民出版社，1988.

[74] 罗纳德·麦金农. 经济自由化的次序 [M]. 上海：上海三联书店，1995.

[75] 罗纳德·麦金农. 经济自由化的顺序——向市场经济过渡中的金融控制 [M]. 北京：中国金融出版社，1993.

[76] 米什金. 货币金融学 [M]. 李扬，施华强，高培勇等译. 北京：中国人民大学出版社，1998.

[77] 倪权生，潘英丽. 谁在补贴美国？——美国对外资产负债规模及收益率差异分析 [J]. 上海金融，2011（4）.

[78] 彭兴韵. 金融危机管理中的货币政策操作——美联储的若干工具创新及货币政策的国际协调 [J]. 金融研究，2009（4）.

[79] 秦凤鸣. 人民币汇率：过去、现在与未来 [M]. 北京：中信出版社，2010.

[80] 人民币货币期货香港起步 [N]. 期货日报，2012-08-23.

[81] 苏珊·斯特兰奇. 疯狂的金钱——当市场超过了政府的控制 [M]. 杨雪冬译. 北京：中国社会科学出版社，2000.

[82] 宋海. 人民币汇率制度改革与国际化研究 [M]. 北京：中国金融出版

社，2011.

[83] 宋琴. 人民币汇率与股价波动研究 [M]. 北京：经济科学出版社，2015.

[84] 孙杰. 亚洲债券市场的发展与全球性国际收支失衡的调整 [J]. 世界经济与政治，2006（1）.

[85] 滕书圣，阮锋. 拉美美元化的可行性与前景分析 [J]. 国际金融研究，2001（4）.

[86] 田彦. 美国利率体系及其定价基准 [J]. 银行家，2005（12）.

[87] 吴玮. 联邦基金利率发展经验及对 Shibor 推广的启示 [J]. 中国货币市场，2007（9）.

[88] 王宪磊. 当代世界经济与欧元 [M]. 北京：社会科学文献出版社，1998.

[89] 吴晓求. 全面推进金融市场化改革，逐步建立风险防范与化解机制 [J]. 金融与经济，2004（3）.

[90] 王允贵. 金融国际化对我国经济的影响及对策研究 [J]. 中国人民大学书报资料复印中心，金融与保险，1999（9）.

[91] 王元龙. 中国抉择：人民币汇率与国际化战略 [M]. 北京：中国金融出版社，2012.

[92] 王自力. 金融稳定与货币稳定关系论 [J]. 金融研究，2005（5）.

[93] 温建东，麦延厚. 人民币国际化与中国外汇市场发展 [M]. 北京：经济科学出版社，2011.

[94] 吴念鲁，陈全庚. 人民币汇率研究 [M]. 北京：中国金融出版社，2002.

[95] 熊彼特. 经济发展理论 [M]. 北京：商务印书馆，1990.

[96] 徐奇渊. 人民币国际化进程中的汇率变化研究 [M]. 北京：中国金融出版社，2009.

[97] 易纲. 中国的货币、银行和金融市场 [M]. 上海：上海三联书店，上海人民出版社，1996.

[98] 易纲. 中国的货币化进程 [M]. 北京：商务印书馆，2003.

[99] 易纲. 中国的金融资产结构分析及政策含义 [J]. 经济研究，1996（12）.

[100] 余永定. 见证失衡：双顺差、人民币汇率和美元陷阱 [M]. 北京：三联书店，2010.

[101] 余同申. 国际货币区域化与发展中国家的金融安全 [M]. 北京：中国人民大学出版社，2005.

[102] 亚当·斯密. 国民财富的性质和原因的研究 [M]. 郭大力，王亚南译. 北京：商务印书馆，1974.

[103] 约翰·赫尔（John C.Hull）等. 风险管理与金融机构 [M]. 北京：机械工业出版社，2010.

[104] 约翰·奥德尔. 美国国际货币政策 [M]. 李丽军，李宁译. 北京：中国金融出版社，1991.

[105] 约翰·伊特维尔等. 新帕尔格雷夫经济学大辞典 [M]. 陈岱孙译. 北京：经济科学出版社，1996.

[106] 约翰·伊特维尔，艾斯·泰勒. 全球金融风险监管 [M]. 北京：经济科学出版社，2001.

[107] 张纯威. 美元本位，估值效应与季风型货币危机 [J]. 金融研究，2007（3）.

[108] 张定胜，成文利. "嚣张的特权"之理论阐述 [J]. 经济研究，2011（9）.

[109] 张杰. 中国的货币化进程、金融控制及改革困境 [J]. 经济研究，1997（8）.

[110] 张渝敏. 美、日金融自由化进程比较及其启示 [J]. 当代经济，2006（5）.

[111] 张蕴岭. 世界经济中的相互依赖关系 [M]. 北京：经济科学出版社，1989.

[112] 郑振龙. 构建金融危机预警系统 [J]. 金融研究，1998（8）.

[113] 郑海青. 东亚外汇储备库的收益：理论和实证研究 [J]. 国际金融研究，2008（5）.

[114] 郑海青. 东亚股票市场合作：现状及发展战略 [J]. 亚太经济，2008 (3).

[115] 中国国家统计局. 中国统计年鉴 [M]. 2013.

[116] 中国金融学会. 中国金融年鉴 [M]. 北京：中国金融出版社，2015.

[117] 中国人民大学国际货币研究所. 人民币国际化报告 2015："一带一路"建设中的货币战略 [M]. 北京：中国人民大学出版社，2015.

[118] 中国人民大学国际货币研究所. 人民币国际化报告 2014：人民币离岸市场建设与发展 [M]. 北京：中国人民大学出版社，2014.

[119] 中国人民大学国际货币研究所. 布雷顿森林体系 70 年：国际货币体系重构与人民币国际化. 2014 国际货币论坛会议文集 [M]. 北京：中国人民大学出版社，2015.

[120] 中国人民银行. 中国金融稳定报告 [M]. 北京：中国金融出版社，2015.

[121] 中国人民银行. 中国区域金融运行报告 [M]，中国金融出版社，2014.

[122] 钟伟，冯维江. 开放经济条件下的国际货币合作 [J]. 国际金融研究，2001 (11).

[123] 朱永红，谷衡. 合力推进 SHIBOR 产品创新与机制创新 [J]. 中国货币市场，2007 (7).

[124] 周定真. 国债期货和期权 [M]. 上海：上海三联书店，1997.

[125] 周继忠，金洪飞. 发展中国家汇率制度安排的名与实——对法定汇率制度与事实汇率制度之差异的经验分析 [J]. 财经研究，2008 (1).

[126] 周新辉. 金融危机预警系统研究 [J]. 金融研究，1999 (2).

[127] 朱青. 欧元与欧洲经货联盟——欧洲货币统一的理论与实践 [M]. 北京：中国人民大学出版社，1999.

[128] 左连村. 国际离岸金融市场与金融自由化 [J]. 世界经济与政治，1998 (6).